Elogios para
Millonario en una sola generación:
52 formas de construir tu propio éxito

"Ann Marie Sabath ha ingresado a un concurrido campo de libros que hablan de 'hacerse rico en poco tiempo', pero *Millonario en una sola generación: 52 formas de construir tu propio éxito* es lo opuesto, habla de hacerse rico lentamente. En lugar de usar elocuentes afirmaciones, mediante capítulos cortos y digeribles, la autora presenta entretenidos relatos y extrae consejos prácticos. No importa cuáles sean tus metas, este libro puede guiarte a maximizar tus probabilidades de éxito, un paso y una semana a la vez".

—Steve Bennett, fundador y
director creativo de
AuthorBytes

"Aunque no existe un camino definido para hacerse millonario, este libro es lo más aproximado. Con bastante detalle, Ann Marie desglosa los puntos en común, los hábitos y los secretos que destacan a las personas exitosas de entre las demás".

—Douglas A. Boneparth, CFP®,
coautor de *The Millennial Money Fix (La solución al*
dinero para millennials)

"La autora presenta con gran lucidez cómo alcanzar estatus de millonario mediante 52 secretos que son tentadoramente alcanzables. Me llevó a concluir que podía concentrarme en dominar uno por semana y después de un año tendría mucho más éxito".

—David Kramer, coautor de *The $500 Cup of Coffee*
(La taza de café de $500)

MILLONARIO EN UNA SOLA GENERACIÓN

52 FORMAS DE CONSTRUIR TU PROPIO ÉXITO

ANN MARIE SABATH

TALLER DEL ÉXITO

MILLONARIO EN UNA SOLA GENERACIÓN

52 FORMAS DE CONSTRUIR TU PROPIO ÉXITO

ANN MARIE SABATH

TALLER DEL ÉXITO

Publicado por:
Taller del Éxito, Inc.
1669 N.W. 144 Terrace, Suite 210
Sunrise, Florida 33323
Estados Unidos
www.tallerdelexito.com

Editorial dedicada a la difusión de libros y audiolibros de desarrollo y crecimiento personal, liderazgo y motivación.

Traducción: Eduardo Nieto Horta
Corrección de estilo: Diana Catalina Hernández Quecano
Diagramación y diseño de carátula: Joanna Blandon

ISBN: 9781607388203

25 26 27 28 29 R|GIN 07 06 05 04 03

Contenido

Reconocimientos ·· 13

Introducción ·· 15

Algunos elementos importantes ································· 19

27

Hábito 1
Piensan en grande

35

Hábito 2
Saben que tienen
que "creerlo"
para "verlo"

47

Hábito 3
Son intencionales

53

Hábito 4
Tienen una fuerte
ética de trabajo

61

Hábito 5
Establecen
prioridades

71

Hábito 6
Tienen sed de
conocimiento

79
Hábito 7
Son organizados

87
Hábito 8
Son
eficientes

95
Hábito 9
Van la
milla extra

105
Hábito 10
Desarrollan un
alto coeficiente
emocional

117
Hábito 11
Alimentan sus
cuerpos y
sus mentes

125
Hábito 12
Se asocian con
personas afines

135
Hábito 13
Tienen una buena
perspectiva
de la vida

147
Hábito 14
Tomar iniciativa

161
Hábito 15
Son imaginativos

171
Hábito 16
Innovan

179
Hábito 17
Se respetan a sí
mismos

187
Hábito 18
Aprecian a los
demás

197

Hábito 19
Son filántropos
o retribuyen

203

Hábito 20
Son buenos
mayordomos del
dinero

215

Hábito 21
Tienen el control
de su destino
financiero

223

Hábito 22
Construyen su
propia riqueza

231

Hábito 23
Monetizan su
experiencia

237

Hábito 24
Piensan a
largo plazo

245

Hábito 25
Disfrutan el viaje
tanto como
el destino

Epílogo ··· 253

Apéndice ··· 255

Notas ··· 269

Reconocimientos

A Ron Fry, cuya confianza en los hallazgos casuales lo hizo creer en este libro desde el mismo comienzo.

A mi Ahuvi, el catalizador para este libro, y quien fue de gran apoyo durante todo el proceso.

A mis hijos, Scott y Amber, excelentes cajas de resonancia durante mi proceso de escritura.

A Germaine, cuyas conversaciones en torno a un café me hicieron reconocer que este libro atendía una necesidad.

A Suzy, quien fue de gran ayuda investigando acerca de los millonarios hechos a pulso que se mencionan en este libo e impulsándome a alcanzar mis plazos antes de tiempo.

A los treinta millonarios que tomaron tiempo de sus ocupadas agendas para compartir sus palabras de sabiduría.

A mi editor principal, Michael Pye, un verdadero agente editorial.

A Laurie Kelly-Pye, con quien verdaderamente es un placer trabajar.

A Lauren Manoy, editor de desarrollo de Career Press, cuyo "encárgate del libro" hizo que valiera la pena poner en espera el resto de mi vida para escribirlo.

A Jodi Brandon, con quien fue un gusto trabajar durante el proceso editorial.

A Gina Schenck, cuya atención a los detalles hizo que el proceso de edición final no tuviera inconvenientes.

A Tess Woods, mi publicista, una verdadera gurú en la industria y quien hizo un trabajo fenomenal.

A Bonni Hamilton y Eryn Eaton, quienes son parte del equipo de mercadeo de Red Wheel.

A Jane Hagaman, el editor en jefe de Red Wheel.

A Mike Conlon y Jeff Piasky en producción, quienes le dieron "una cara" al libro y lo llevaron a la línea de meta.

Introducción

¿Quién debería leer este libro? ¡Todo el mundo!

Es probable que el título: *Millonario en una sola generación. 52 maneras de crear tu propio éxito* haya captado tu atención. Si eres como la mayoría de las personas, trabajas largas horas y te preguntas qué hacen los demás para alcanzar el éxito siendo que tú y ellos tienen las mismas veinticuatro horas diarias.

Labrar tu propio camino para ser millonario puede parecer una tarea dantesca. Sin embargo, después de que leas este libro entenderás que no lo es. El secreto está en descubrir qué hacer y luego *mantener el rumbo*.

Quizás estés pensando: "Tengo veinticinco años. Apenas tengo algo de experiencia en mi carrera y quiero divertirme. Acabo de comprar el auto que soñaba tener desde que tenía dieciséis años. En diez años, tomaré en serio mis ahorros".

O quizás te preguntes: "Tengo una familia e hijos que alimentar, cuentas que pagar y una gran hipoteca sobre nuestra casa de cuatro habitaciones. A menos que me gane la lotería o reciba una herencia de un tío lejano y desconocido, nunca podré llegar a ser millonario".

O quizás estés diciendo: "Llevo veinte años en mi profesión, ya es muy tarde para comenzar. Puedo viajar con el dinero extra que tengo".

Aunque quizás debas posponer la gratificación inmediata y reorganizar las prioridades en tus metas, ¡reconoce que lo único que te impide iniciar este rumbo eres tú! Si este libro te atrajo, eso demuestra que deseas alcanzar el estatus de millonario.

¿Por qué aplazar para mañana lo que puedes comenzar a hacer hoy? ¡Comienza ahora! Así estés comenzando y ganes solo por comisiones, ganes un sueldo por hora de $11 dólares o tengas entre 20 y 75 años y ganes el salario promedio de la población trabajadora al año. Cuanto más pronto comiences este viaje, más pronto alcanzarás el estatus.

No te engañes. Este viaje para hacerte millonario por tus propios medios puede tomar cinco, diez, veinte, treinta o más años. Todo depende de cuántos de los 52 secretos ya tengas implementados, y del cimiento financiero que poseas para iniciar tu viaje. Así que, ¡introduce la dirección en tu GPS para hacerte millonario y comienza!

Algunos de los secretos para alcanzar el estatus de millonario por tus propios medios no tienen nada que ver con el dinero, pero verás que sí tienen que ver con tu carácter, con tu actitud, con el trato con los demás, tus patrones de ahorro y gastos, y tus hábitos en general.

No permitas que el no tener dinero te impida iniciar el viaje. Si comienzas hoy, estarás un día más cerca de alcanzar la meta. No tendrás que vivir la vida de un pobre. *¡Al contrario!* Vivirás la vida de una persona exitosa gracias a la ruta que crees para ti mismo. Solo piensa en lo gratificante que será avanzar sabiendo con certeza que vas en la dirección correcta.

Algunos elementos importantes

Credit Suisse publicó su "Informe mundial de riquezas", en el que se encontró que los Estados Unidos tenían cerca de 15.356.000 millonarios en el año 2017, lo cual suma cerca del 5% de la población total de los Estados Unidos.[1] El 77% de los estadounidenses con grandes capitales son millonarios que se hicieron a pulso, según un estudio realizado por BMO Private Bank.[2]

Según Thomas Stanley, autor de *The Millionaire Next Door (El vecino millonario)*, entre el 80% y el 86% de los millonarios han creado su propia riqueza.[3] Y de eso se trata este libro: ¡personas que por sus propios medios se han hecho millonarias!

Estas personas con un patrimonio neto de más de siete cifras (sin incluir sus residencias principales) son consideradas como provenientes de clase media según los estándares de hoy. La razón por la cual insistí en pedirles a estas personas que hicieran parte de este libro es para que a cada lector le quede claro que *¡también puede hacerlo!* Solo necesita dos cosas:

1. **Creer** que puede hacerlo.

2. **Dominar** los 52 secretos para crear su propio éxito.

¿A quién conocerás en este libro?

Si buscas celebridades millonarias, este no es el libro para ti. Elegí intencionalmente entrevistar personas que eran "millonarios de closet". En otras palabras, son personas que no anuncian en voz alta: "¡lo logré!" a través de la ropa que usan, el auto que conducen y el sitio donde viven. Estas son personas comunes, con las que todos podemos relacionarnos, que crearon sus riquezas desde cero. Ellos alcanzaron un estatus de millonarios entre los 16 y los 75 años.

Sus trasfondos son diversos. Son hombres y mujeres estadounidenses de primera, segunda y tercera generación. Profesionales ejecutivos de altos cargos y también de la clase trabajadora. Son personas con empleos de 9:00-5:00 p.m, que todos los días se levantaban para ir a trabajar. También leerás de emprendedores que tuvieron una excelente idea y la hicieron realidad. La mayoría de las personas de quienes vas a conocer siguen activas en sus industrias.

Estás por leer acerca de alguien que triunfó porque no siguió los deseos de su madre; otro pasó gran parte de su vida cavando zanjas antes de iniciar su compañía de fibra óptica; y otro, a la edad de quince años, llegó con sus padres a los Estados Unidos, sin saber inglés y con una maleta y un violín. También conocerás a alguien que de verdad es el "director de felicidad" de su empresa.

Algunos de ellos comenzaron sus propias compañías. Otros fueron empleados dedicados en un entorno corporativo. Unos de ellos incluso fracasaron antes de triunfar. Para otros, la única opción era tener éxito y poder proveer a sus familias. Sin saberlo, para algunos de ellos la búsqueda fue fascinante.

La razón no importa, hicieron lo necesario para que su definición de "éxito" fuera real.

A medida que leas este libro, verás que algunas personas han revelado sus nombres completos. Otros han estado dispuestos a compartir sus historias, pero han pedido permanecer en el anonimato. Cualquiera sea el caso, puedo garantizarte que su candidez te inspirará.

Aunque ellos no se conocían unos a otros cuando fueron entrevistados para este libro, todos tienen algo en común: *los 52 secretos para crear tu propio éxito.*

Nociones preconcebidas respecto a los millonarios hechos a pulso

Los millonarios que labraron su camino a la cima habrían sido más fáciles de reconocer si yo no hubiese tenido percepciones preconcebidas y erradas respecto a ellos.

Aunque había leído *The Millionaire Next Door (El vecino millonario)* cuando llegó a las librerías en 1996, seguía teniendo la idea errada de que los que llegaron a ser millonarios por sus propios esfuerzos vivían en los vecindarios más costosos, conducían los autos más recientes y se destacaban en medio de la multitud.

Sin embargo, cuando pasé tiempo de calidad con ellos, comprendí que los hallazgos de Thomas Stanley eran ciertos y que mis percepciones eran erradas.

Percepción errada: los millonarios hechos por su propio esfuerzo se graduaron de las universidades más prestigiosas.

Hallazgo: aunque algunos sí, otros tienen títulos de instituciones públicas. Algunos tienen educación superior y otros ni siquiera terminaron la secundaria.

Percepción errada: conducen el auto último modelo.

Hallazgo: solo un pequeño porcentaje de millonarios lo hacen.

Percepción errada: los millonarios hechos a pulso no se preocupan por la cantidad de dinero que gastan.

Hallazgo: la mayoría de ellos viven por debajo de sus capacidades. Algunos incluso encajan en la categoría de frugales.

Percepción errada: quienes se hicieron millonarios por sus propios méritos visten con las modas más recientes.

Hallazgo: aunque algunos de ellos usan la moda más actual, la mayoría de ellos no se viste para impresionar. Usan ropa clásica y sobria.

Percepción errada: estos millonarios tienen una actitud de superioridad ante las personas con condición socioeconómica más baja.

Hallazgo: la mayoría de estas personas son humildes y donan de su tiempo a sus comunidades y/o a las obras sociales de su elección.

Percepción errada: los millonarios que llegaron a la cima por su propio esfuerzo viven en vecindarios costosos.

Hallazgo: muchos prefieren no ostentar su estatus y viven en casas en los suburbios.

Percepción errada: solo ciertas personalidades han sido hechas para alcanzar la condición de millonarios por sus propios medios.

Hallazgo: los más callados y los más extrovertidos han alcanzado este nivel de éxito.

Percepción errada: necesitas un gran concepto para desarrollar una empresa.

Hallazgo: necesitas una idea oportuna, una fuerte ética de trabajo e ir hasta el final para crear una empresa exitosa.

Lo que estas personas motivadas hacen diferente de la persona promedio

La razón por la cual dejé esta sección para escribirla al final es porque quería observar los elementos diferenciadores entre los millonarios hechos por sus méritos y la persona promedio. Sin duda, pude hacerlo a medida que conocía a muchos de los treinta millonarios entrevistados para este libro.

Las respuestas estaban ante mis ojos. Ahora veo con claridad esos elementos y quiero compartirlos contigo. Pero antes de decirte cuáles son, permíteme comentarte que las calidades que a tu parecer *pueden* ser las diferenciadoras no son las más sutiles.

Estos triunfadores no tienen mejores estudios que el ciudadano promedio. De hecho, uno de ellos ni siquiera terminó la secundaria. La mayoría de ellos no nacieron en familias adineradas. Casi todos nacieron en familias con ingresos de clase media o inferiores.

Vaya... si para comenzar ellos no necesitaron educación del más alto nivel o una gruesa cuenta bancaria, ¿entonces qué fue? La respuesta: tenían lo que el dinero no puede comprar. Tenían y siguen teniendo rasgos intangibles que todos podemos adquirir.

Para esta sección, he separado en dieciocho áreas lo que estas personas hacen diferente al ciudadano promedio. Lo que diferencia a los que llegaron a ser millonarios por sus propios méritos de quienes aún no han alcanzado este estado es su manera de pensar, esa mentalidad que insiste diciendo "sé que puedo lograrlo", y su control y respeto del tiempo. Otros rasgos diferenciadores son su actitud positiva, sus habilidades organizacionales y su relación con el dinero. Por sobre todo, su consistencia y disciplina han sido determinantes para alcanzar el éxito que tienen en la actualidad. Su fórmula de éxito es que conocen a fondo los 52 secretos, y que siguieron siendo disciplinados para mantener su estatus de siete cifras.

Después, están las dieciocho cualidades que estas treinta personas tenían y siguen teniendo en sus empresas y sus vidas personales. Verás que, teniendo la disciplina y la consistencia adecuadas, el estatus de millonario está a *tu* alcance.

Estas personas:

1. Crean sus propios destinos.
2. Usan sabiamente su tiempo.
3. Tienen un alto coeficiente emocional.
4. Son seguras.
5. Son confiables.
6. Piensan "fuera de la cuadrícula".
7. Reconocen el valor de la simplicidad.
8. Son creativas.
9. Persisten hasta triunfar.
10. No dejan que el éxito infle sus egos.
11. Respetan sus cuerpos.
12. Enriquecen sus mentes.
13. Reconocen que son tan buenos como las personas que hacen parte de sus vidas.

14. Tienen las prioridades correctas.

15. Dan en lugar de tomar.

16. Planean sus futuros.

17. Tratan el dinero con respeto.

18. Son recursivas.

Cómo los millonarios que lo lograron por su propia cuenta se benefician de lo que la mayoría llama "fracaso"

¿Sabías que...?

- ¿A Oprah la despidieron de su primer empleo como presentadora de noticias en Baltimore por el empeño y la pasión que invertía en sus notas?

- ¿A Thomas Edison sus maestros le dijeron que no era capaz de aprender?

- ¿Un ejecutivo del espectáculo le dijo a Harrison Ford que no tendría éxito en el cine?

Los millonarios que triunfaron por sus méritos alcanzaron su estatus de éxito gracias a su manera de interpretar los resultados. Aunque, para la mayoría de las personas, los resultados inesperados son fracasos, los millonarios hechos a pulso usan estos resultados como plataformas de lanzamiento para su siguiente intento.

Aunque puede sonar paradójico, estos millonarios aprenden de sus fracasos. Antes de volver al bate, identifican lo que deberían haber hecho de otra forma. La palabra "fracaso" no hace parte de su vocabulario.

Convertir el fracaso en oportunidades es una cualidad tan importante entre las personas de éxito que ha sido enmarcado como el veinteavo secreto para crear tu propio éxito.

¿Cómo hacer que este libro funcione para ti?

Haz que este libro funcione para ti comparando y contrastando tus rasgos de éxito con los secretos de los millonarios descritos en cada sección. Tendrás muchos momentos esclarecedores en los que reconocerás las cualidades más obvias que quizás no hayas puesto en práctica todavía.

Cada uno de los 52 secretos termina con un paso práctico. Después de leer todo el libro, determina qué prácticas ya dominas. Luego, concéntrate cada semana en una acción que todavía no domines bien. Los secretos que sean nuevos para ti son los que van a exigir más esfuerzo. También serán los de mayor impacto y los que te llevarán a la meta del millonario hecho por sus méritos.

Hábito 1

Piensan
en grande

Secreto número 1 para crear tu propio éxito:
Crea una mentalidad de millonario

Nadie se hace millonario de repente. Si así fuera, ya lo serías.

Las personas que han alcanzado este estatus de riqueza comenzaron siguiendo una ruta diferente a la de la mayoría. Todos practican lo que yo llamo "el pensamiento inverso", comienzan con el final en mente.

Paso uno: ¡Concibe!

Estas personas con mentalidad de millonarios comienzan definiendo lo que desean *con precisión* y en términos muy específicos. En otras palabras, ellos lo *conciben*.

Suena fácil, ¿no lo crees? ¡Y sí lo es!

Hagamos un simulacro: Pon en práctica el pensamiento inverso y *concibe* lo que deseas. Digamos que *concebiste* que deseas hacerte millonario por tus propios medios. Ya dimos un paso, ¡el siguiente paso es el necesario para comenzar!

Paso dos: ¡Cree! ¡Créelo!

¡Vaya!... ¿*De verdad* crees que puedes hacerte millonario? ¿En serio lo crees? Espero que estas dos preguntas hayan reforzado aún más tus convicciones de querer ser millonario.

Si tu mente se llenó de todas las razones por las que *no* puedes llegar a serlo, *escribe ahora mismo cada una de ellas.* ("Apenas puedo llegar a fin de mes. Estoy pagando un auto, estoy pagando la casa...").

Ahora, toma las dudas que escribiste y rompe el papel. Sí, rómpelo con todas tus fuerzas. Al hacerlo, estarás disipando esas dudas de tu mente. Siempre que una duda llegue a la mente, repite el proceso de escribirla y romper el papel.

No te dejes abrumar por los pesimistas que dicen que tu meta de hacerte millonario es solo pensamiento "de ilusos", en lugar de ello, mantente firme con tus convicciones de *concebir* y *creer.* Conforme avances en la lectura de este libro, aprenderás a reemplazar a esas personas negativas con personas que te ayudarán a mantenerte arraigado en tu propósito de lograr lo que deseas. De hecho, el secreto 27 (rodéate de personas a quienes quieras imitar) y el secreto 28 (encuentra un asesor experto y confiable), serán útiles para que mantengas la mentalidad de millonario hecho a pulso.

Paso tres: ¡Alcanza!

Ahora escribe esto tres veces: *Alcanzaré* la posición de millonario por mis propios méritos. *Alcanzaré* la posición de millonario por mis propios méritos. *Alcanzaré* la posición de millonario por mis propios méritos. Recuerda: ¡Sigue creyéndolo con todo tu corazón!

Toma ahora una de tus notas de *"alcanzaré* la posición de millonario por mis propios méritos" y ponla debajo de tu colchón, otra en tu billetera y la tercera en la guantera de tu automóvil o en cualquier sitio donde nadie más pueda verla sino solo tú. También, mantenla en la sección de notas de tu teléfono.

Quizás estés diciendo: bien, entonces he *concebido* que seré millonario por mis esfuerzos. Tengo todo el impulso y *creo* que puedo *alcanzar* ese estatus de riqueza. Sin embargo, no tengo idea de cómo lo voy a hacer.

Por favor, entiende que esa no es la respuesta que estás buscando. Solo comienza por hacer esta pregunta: ¿Cómo puedo hacer realidad el llegar a ser millonario? Te prometo que la respuesta *llegará*. Quizás tome unas semanas, un mes, un año o incluso cinco años, pero sé paciente y escúchate a ti mismo. La respuesta *vendrá* a ti.

Adivina... ¡Ya comenzaste! He usado con éxito esta estrategia CCA (Concibe, Cree, Alcanza) muchas veces en mi vida durante los últimos cuarenta años y te aseguro que *sí* funciona.

Tu mentalidad para hacerte millonario por tus propios méritos se fundamentará en lo que tengas entre tus orejas: tus pensamientos. Mediante sus propias experiencias, los treinta millonarios mencionados en este libro te mostrarán cómo *alcanzaron* ese estatus.

Como dice Andy Hidalgo, uno de ellos: "puedes lograrlo, solo tienes que desearlo".

> *Ejercicio: pon en práctica tu mentalidad de millonario concibiendo, creyendo y alcanzando lo que deseas.*

Secreto número 2 para crear tu propio éxito: Define tu propio significado de éxito

¿Cómo defines éxito? Muchas personas lo ven como tener una meta y alcanzarla. Todos los días experimentas éxito tanto a nivel personal como profesional. Haz una lista de lo que deseas haber logrado antes de salir a trabajar y completa con éxito cada cosa. Quieres terminar un proyecto al final del día, y sin duda lo haces.

Todos estos pequeños logros te dan la seguridad de prepararte para tener más éxito. Reconoce que el principio para lograr grandes o pequeños éxitos es el mismo: tener una meta, establecer una línea de tiempo y alcanzarla.

Me ha sorprendido que algunas personas en realidad le temen al "éxito". Quizás sea porque han experimentado fracasos y, en lugar de aprender de ellos y avanzar, permitieron que la situación negativa los paralizara haciéndoles creer que el éxito no está a su alcance.

Su manera de pensar difiere mucho de cómo piensan las personas que tienen una connotación positiva del éxito. Según sus logros pasados, ellos tienen una definición positiva de esta palabra de cinco letras. En sus mentes, sus experiencias les dieron la confianza y los conocimientos prácticos para "éxitos" futuros.

La meta de este libro es que entiendas que el éxito sí está a tu alcance. De ti depende definir lo que deseas y poner en práctica los 52 secretos para crear tu propio éxito.

A los millonarios que entrevisté para este libro, les pregunté cómo definían el éxito y esto es lo que algunos de ellos dijeron:

"El éxito es lo que sea que te haga feliz", Connie L.

"Proveer a mis hijos, hacer un impacto positivo en mi profesión, alcanzar metas altas con beneficios positivos a nivel personal y profesional", John Pierce.

"Estar feliz contigo mismo y el hombre que vez en el espejo no solo cuando los demás están felices contigo", Mickey Redwine.

"Ser feliz. Tener equilibrio en la vida, sentirse pleno, amado, apreciado. Tener la habilidad de cuidarte a ti mismo, a tu familia, y tener suficiente para ayudar a otros", Steve Humble.

"Que otros aprecien lo que haces, ser feliz, poder relajarte y contar con suficiente dinero para gozar de la seguridad de no tener que levantarte para ir a trabajar todos los días a fin de sobrevivir y contar con el respeto de los demás", James Timothy White.

"Ganar dinero haciendo lo que amo", Mike Vetter.

"Cuidar de mi familia y poder ayudar a quienes tienen necesidad", Bunny Lightsey.

"Ganar en la habilidad que elegiste", Nick Kovacevich.

"Ganar suficiente dinero haciendo lo que amo. Crear un legado que perdure", Tom Corley.

"La habilidad de hacer cosas que me hagan feliz sin temor al estrés monetario u otras presiones profesionales", Bill Dunn.

"Hacer lo que te encanta y disfrutarlo", Allan S.

"Alcanzar tus metas de riqueza personal sin nunca comprometer tu integridad o valores familiares", Andy Hidalgo.

"Tener una conexión permanente con tu ser interior", Dr. Zach Berk.

"Si puedes aprender de tus fracasos sin perder el entusiasmo y los demás te respetan y les agradas, has encontrado el éxito", Rodger DeRose.

"Ser exitoso es algo que se logra cuando voy tras mi pasión y el resultado final lo reciben personas que también admiro", John M.

Tres maneras de crear tu propio éxito

1. Escribe el último proyecto que iniciaste y terminaste con éxito.

2. Documenta el proceso que seguiste para completarlo.

3. Explica los beneficios que experimentaste como resultado de lograrlo.

   Ejercicio: documenta tu definición de éxito.

Hábito 2

Saben que tienen que "creerlo" para "verlo"

Secreto número 3 para crear tu propio éxito: Encuentra tu pasión

¿Tus horas de trabajo las pasas haciendo lo que te gusta o con aprensión? Si amas lo que haces y eres bueno haciéndolo, entonces has encontrado tu pasión. Si estás tratando de identificarlo, ¡aquí tienes un secreto de gran importancia!

Permíteme decirte cuál es mi pasión: Me encanta decirles a los demás qué hacer. No hablo de ser mandona. Hablo de guiarlos hacia el éxito. Por eso, comencé mi empresa de entrenamiento corporativo de 31 años, para dar entrenamiento a profesionales jóvenes sobre cómo ascender esa resbalosa escalera del éxito.

Ahora es tu turno. Encontremos tu pasión. ¿Qué te gusta hacer o de qué te gusta leer en tu tiempo libre? ¿Te gusta hacer ejercicio, viajar o escribir? Quizás disfrutes ver esos programas de televisión de arreglos a bienes raíces o te gusta la búsqueda de antigüedades o viajar. El primer paso para encontrar tu pasión es identificar que disfrutas hacer tanto que puedes dedicarle horas sin darte cuenta. Cuando lo hayas identificado, ¡habrás encontrado tu pasión!

Muchos se encuentran estancados haciendo lo que no les gusta. Además de sentirse miserables, hacen que las vidas de quienes los rodean también sean desagradables. ¿Eso te describe a ti?

Quiero contarte acerca de Allan S, el primer millonario hecho a pulso que conocerás en este libro. Aunque quizás no lo supo de inmediato, Allan encontró su pasión cuando cumplió nueve años y sus padres le regalaron un violín.

Al comienzo, Allan practicaba como la mayoría de los niños que tomaban lecciones: treinta minutos al día. Después de unos años, no era necesario decirle que practicara. De hecho, ¡disfrutaba tanto tocar el violín que eligió practicar una hora al día y con el tiempo llegó a practicar cuatro horas diarias! Ahora, si eso no es encontrar tu pasión, ¿entonces qué es?

Cuando fue hora de elegir una línea de estudios, la madre de Allan le sugirió que estudiara medicina o leyes. Pero eso no estaba en la lista de Allan. Yendo contra los deseos de su madre, se presentó a la escuela de música Juilliard.

Durante su tiempo en Juilliard, Allan conoció a un maestro violinista que pidió escucharlo tocar. El violinista profesional le dijo a Allan que tocaba bien, pero que debería elegir otra profesión, porque ser músico era un camino profesional muy difícil.

Por fortuna, la intuición y la pasión que Allan sentía por tocar el violín tuvieron prelación. Siguió practicando cuatro horas al día. Incluso se presentó a audiciones para una posición en una orquesta sinfónica muy reconocida a nivel mundial, pero no fue seleccionado.

El rechazo no desanimó a Allan a seguir su pasión. Siguió practicando y, dos años después, volvió a una audición en esta ocasión para la posición de violín abierto con la Filarmónica de New York. ¡Leonard Bernstein le ofreció el cargo!

Allan dedicó su carrera de 35 años a la Filarmónica de New York. ¡Esto es lo que sucede cuando sigues tu pasión!

Después que encuentras tu pasión, debes ser fiel a ella. En el caso de Allan, no pasó de repente. Le tomó 1.600 horas de práctica durante un lapso de dieciséis años. Tuvo que ir contra los deseos de otros, siguiendo su pasión y no un rumbo profesional que, en la opinión de otros, era mejor para él.

Ahora es tu turno de encontrar tu pasión siguiendo este método de tres pasos:

Paso uno: encuentra tu pasión. Tómate tu tiempo para identificarla. Puede estar justo ante tus ojos. Reconocerás tu pasión cuando la veas.

Paso dos: monetízala. Cuando encuentres tu pasión, habla con personas que también estén interesadas en lo que te gusta hacer. Averigua cómo hicieron ellos para convertirla en una fuente de ingresos. Esto te ayudará a identificar qué vas a necesitar para crear una empresa en torno a la pasión que has identificado.

Paso tres: mantén el curso. Evita desanimarte cuando los pesimistas te digan que estás perdiendo el tiempo. En lugar de eso, sigue tu gran pasión y supera los obstáculos que surjan en el camino.

Ejercicio: identifica lo que te encanta hacer y que puedes monetizar.

Secreto número 4 para crear tu propio éxito: Cree ti mismo

Si un alto coeficiente intelectual hiciera exitosas a las personas, los líderes serían solo los que se destacaron en la escuela. Si el dinero solo hiciera exitosas a las personas, únicamente los ricos habrían creado las invenciones de la actualidad. Aunque es bueno contar con un alto coeficiente intelectual y con dinero, ninguno de ellos es uno de los 52 secretos para crear tu propio éxito. En cambio, uno de los secretos esenciales es *creer en ti mismo*.

Abandonar los estudios universitarios no es una acción aceptable, aunque muchas personas de éxito lo hicieron. Entre ellos están Oprah Winfrey, Mark Zuckerberg, Brad Pitt, Ted Turner, Steve Jobs, y la lista sigue. Lo que estos magnates tienen en común es que creyeron en sí mismos.

Piensa en las personas más inteligentes que conozcas. Tienen grandes ideas, pero no tienen suficiente confianza para llevar sus conceptos al siguiente nivel. También, considera a las personas que eran todo menos científicos espaciales, pero que creyeron en sí mismos lo suficiente como para crear una empresa de un millón de dólares a partir de un concepto sencillo.

La diferencia entre estos dos tipos de personas es que los que tenían menos confianza se convencieron a sí mismos de que su idea no tendría éxito, mientras que las personas más seguras no se detuvieron a pensar si sus ideas no funcionarían. De hecho, lo que vendió su concepto a otros fue, en primer lugar, la confianza en sí mismos y lo que habían concebido.

¿Cuál eres tú? ¿La persona sin confianza que se convence a sí misma de no hacer algo? ¿O aquella cuya confianza es tan contagiosa que convence a otros de su idea con la confianza que tiene en ella?

Permíteme presentarte a Laura FitzGerald, la segunda millonaria en este libro. Laura creyó lo suficiente en sí misma como para alcanzar su estatus de millonaria a la edad de 51 años. Ella es un excelente ejemplo de lo que la magia de creer puede hacer. Laura creyó en sí misma lo suficiente como para llegar a ser la presidenta de Ilios Resources y una trabajadora profesional certificada para la industria minera. Fundó su compañía en Shreveport, Luisiana, y es activa en la compra de minerales en el norte de Luisiana, en el este de Texas y el sur de Arkansas.

A menudo, es citada por su célebre frase: "he hecho millones de dólares para otros. También puedo hacer millones para ti". Cuando le pregunté de qué manera *la magia de creer* en sí misma y su empresa la había guiado a tener el éxito que tiene en la actualidad, Laura explicó que, mediante estudio y aprendizaje incansable y persistente, y volviendo a intentarlo una vez más, aprendió a creer en sí misma y a nunca darse por vencida. En muchas ocasiones, la única manera en la que Laura ha podido explicar o describir esa "magia de creer" ha sido diciendo que fue Dios obrando en su vida.

Nota: Laura se gana la vida haciendo un "trabajo de hombres" como "alguien con derechos de tierra y minerales". Ella busca, compra, vende, es agente y alquila tierra para derechos de minerales (petróleo y gas). Desde 2004, Laura ha acumulado más de 40.000 acres de derechos minerales, lo cual le ha generado millones de dólares. Si eso no es creer en ti mismo, ¿qué lo es?

John M., el tercer millonario por sus propios méritos que entrevisté para este libro, ganó su primer millón a la edad de diecisiete. Él dice: "debes creer en ti mismo más que cualquier otra persona. No importa la edad que tengas ni de qué trasfondo vengas, nadie luchará por tus objetivos más que tú".

Tres formas de desarrollar confianza en ti mismo

1. Sé una persona con mentalidad de "puedo" en lugar de "no puedo". Cuando entre a tu mente un pensamiento negativo, enfréntalo con una frase positiva. Por ejemplo: Cambia "estoy muy cansado como para ir al gimnasio" por "voy a reunir la energía para ejercitarme por treinta minutos".

2. Cuando tengas lo que consideres una gran idea, lee acerca de otras personas que han hecho realidad sus ideas. Esto te dará la confianza para desarrollar la tuya propia y, con el tiempo, hacerla una realidad.

3. Lee, escucha y rodéate de palabras y personas positivas. Reconoce que eres la suma de las cuatro personas con las que más tiempo pasas.

Ejercicio: haz realidad esa idea que has estado considerando.

Secreto número 5 para crear tu propio éxito: Visualiza

Los atletas lo hacen. Los médicos homeópatas lo recomiendan. Los millonarios que lo han logrado por sus propios esfuerzos lo hacen.

Tú lo haces varias veces al día. Visualizas una acción a tu alcance y la haces realidad.

La visualización es simple. Solo forma imágenes en tu mente y luego recorre el proceso para hacer realidad lo que deseas. Cuanto más fuerte sea tu carácter, más pronto (semanas, meses, años) dará fruto lo que visualices.

Quizás preguntes, "si está al alcance de todos, ¿por qué tan pocas personas lo practican?". Si eres de los que todavía no tienen integrado este proceso mágico en sus vidas, entonces permíteme darte tres ejemplos de casos puntuales acerca de cómo funciona el proceso de visualización.

La práctica de visualización de Tom Corley

Tom Corley, el cuarto millonario entrevistado para este libro, me explicó que usa un proceso de tres pasos para hacer sus sueños realidad. Primero, *define su sueño*. Segundo, *define las metas* detrás de su sueño. Tercero, *actualiza sus deseos* para perseguir sus metas cada día.

Paso uno: define tu sueño. Tom definió que su sueño era salir en televisión nacional.

Paso dos: define las metas detrás de su sueño. Las metas de Tom consistían en compartir sus hábitos de rico y ayudar a promover sus libros.

Paso tres: persigue tus metas todos los días. Durante tres años y medio, Tom presentó su propuesta a los medios por medio de Twitter cerca de 25.000 veces en un esfuerzo por hacer realidad ese sueño.

El sueño de Tom Corley se hizo realidad

En junio de 2013, uno de sus tweets llamó la atención de Farnoosh Torabi, presentador del galardonado programa de finanzas de Yahoo, *Financially Fit*. La entrevista fue transmitida el 16 de julio de 2013 y recibió más de dos millones de vistas en un periodo de veinticuatro horas. Eso captó la atención de CBS, quienes invitaron a Tom a los estudios de su filial en Boston para una entrevista. La entrevista con CBS fue transmitida en noviembre de 2103 por la filial en Boston de CBS, y otras filiales de Estados Unidos y Canadá también la transmitieron. Tom estuvo en *CBS Evening News*, llegando a más de diez millones de espectadores. Como resultado, vendió miles y miles de libros por medio de su maestría en el arte de la visualización.

Una ovación de pie muy merecida para Tom. La visualización es fácil cuando sigues el proceso de tres pasos. Pero, como puedes ver, no sucede de repente.

La ley de visualización de Allan S., practica la expectativa: "Actúa como si..."

Leíste sobre Allan S. en el secreto 3 (encuentra tu pasión). Ahora quiero decirte cómo este millonario usó la visualización para lograr vender su casa.

Allan y su esposa compraron una casa después del nacimiento de su primera hija, y allí criaron a sus dos hijas. Luego de 48 años, sus hijas ya estaban casadas y tenían sus propias familias. Poco después de la muerte de su esposa, Allan estuvo listo para vender la casa que había sido su hogar. Con todo, esta no había sido renovada por más de medio siglo.

Sin embargo, en lugar de preocuparse por eso, buscó un agente de bienes raíces y la puso a la venta. Planeaba darle a cada una de sus hijas parte del dinero. Un día, después de poner el aviso "a la venta" frente a la casa, "actuó como si" ya la hubiese vendido. Escribió una nota para cada una de sus dos hijas describiendo cuánto él y su madre habían disfrutado criarlas en lo que había sido su hogar. También escribió un cheque para cada una con fecha tres meses después de la fecha en la que escribió las notas.

Dos semanas después, Allan recibió una oferta por su casa. Como si hubiese recibido algo de ayuda de su mejor amiga, su esposa. Aunque había fallecido cuatro años atrás, la oferta de venta de la casa fue el 14 de julio, la fecha en la que ella cumplía años. ¡Su actitud de "actuar como si..." funcionó!

Quizás estés diciendo: "sí, sí, sí..." Si todavía no estás convencido del poder de la visualización, entonces continúa leyendo.

Mi experiencia personal de visualización

Cuando fue publicado primer libro *Business Etiquette in Brief (Etiqueta empresarial en pocas palabras)*, en 1992, puse uno de los ejemplares en el estante superior del aparador de mi comedor. Al lado, tocando esquina con esquina, puse el libro de Oprah Winfrey, *In the Kitchen With Rosie (En la cocina con Rosie)*.

Cuando mis hijos volvieron a casa después de la escuela esa tarde, observaron que los dos libros estaban en una posición extraña sobre el aparador. Me preguntaron por qué. Con todo el corazón, les expliqué que estaba visualizando que sería invitada a *The Oprah Winfrey Show*. Como mi hijo y mi hija no entendían todavía el poder de la visualización, pensaron que estaba loca.

Durante cuatro años, el libro de Oprah y el mío fueron los mejores amigos. Permanecieron a la vista en la vitrina de nuestro estante de modo que podía verlos cada vez que pasaba por el comedor.

A finales del otoño de 1996, estaba trabajando desde casa en la columna semanal de un periódico, y el plazo de entrega era a final del día. Le había pedido a mi asistente, Suzy, que no me llamara a menos que fuera absolutamente esencial. Hacia las 2:00 p.m., el teléfono sonó. Suzy dijo que debía devolver una llamada que ella acababa de recibir. Cuando le pregunté si podía esperar al día siguiente, ella insistió en que debía hacerlo de inmediato. Me dio el código de área 312 seguido del número y el nombre de la persona. Cuando pregunté el nombre de la compañía, dijo "Harpo Productions". Le pregunté qué clase de compañía era esa. Su respuesta: "¡Oprah escrito al revés!". La llamada había sido de un productor de *The Oprah Winfrey Show* ¡invitándome a su programa!

¿Te preguntas cómo sucedió? Se llama visualización. Mis hijos dudosos ahora son firmes creyentes de esta práctica. ¡Espero que tú también lo seas!

¿Estás listo para hacer realidad lo que deseas? Comienza a materializarlo por medio del poder de la visualización.

- Define tu sueño. Asegúrate de hacerlo por el bien de todos.

- Documenta la meta detrás de tu sueño.

- Comienza a hacer realidad tu meta al documentarla en términos claros y/o encontrando una imagen de lo que deseas y poniéndola en un sitio que veas todos los días.

- Actúa como si ya hubiese sucedido.

    Ejercicio: identifica lo que deseas, escríbelo y luego "actúa como si" ya lo hubieses recibido.

Hábito 3

Son
intencionales

Secreto número 6 para crear tu propio éxito: Establece metas significativas

Para obtener lo que deseas, ¡debes comenzar por saber dónde quieres estar!

Digamos que deseas perder 10 libras de peso, quieres iniciar una empresa o ¡hacerte millonario! Comienza con el final en mente: tu *meta*.

Esto es lo que recomienda Joe Berry, asesor de inversiones de Semmax Financial Group:

Primero, debes elegir una meta que sea importante para ti y por la que estés dispuesto a hacer 'sacrificios' cuando surjan otras tentaciones y necesidades. Segundo, debes poner por escrito tus metas y leerlas con frecuencia para que puedas mantenerte enfocado en alcanzarlas.[1]

La mayoría de las personas piensan en lo que desean y luego se concentran en alcanzarlo. Pero olvidan un paso importante: escribir.

El libro de Mark McCormack, *What They Don't Teach You at Harvard Business School (Lo que no te enseñan en la escuela de negocios de Harvard)*, describe un estudio realizado entre estudiantes del programa de MBA de Harvard en 1979. Aquel año se preguntó entre los estudiantes: "¿quiénes tienen metas claras por escrito para su futuro y han hecho planes para alcanzarlas?" Los hallazgos fueron sorprendentes:

- El 84% de los encuestados no tenían metas.
- El 13% tenían metas que no estaban por escrito.
- Solo 3% de los estudiantes estaban comprometidos con metas por escrito.[2]

Diez años después, se contactó a las mismas personas para volver a encuestarlas. El 13% de las personas del programa de MBA de 1979 en Harvard que tenían metas, aunque no por escrito, estaban ganando en promedio, dos veces más que el 84% de sus compañeros de clase que no tenían metas. Suena muy bueno, ¿verdad?, sigue leyendo para saber lo mejor:

El 3% de las personas que habían *escrito* con claridad sus metas diez años antes, en promedio estaban ganando *¡diez veces más que la sumatoria del otro 97%!*

La prueba HABLA POR SÍ SOLA. ¡Documenta tus metas!

Ejercicio: pon por escrito tus metas definidas.

Secreto número 7 para crear tu propio éxito: Toma el control de tu vida

Admitámoslo, se necesita fortaleza y seguridad para enfrentar esas situaciones desagradables que surgen en la vida o que, sin saberlo, permitimos que sucedan.

También se necesita mucha fuerza de voluntad para enfrentar esos desafíos inesperados. Tomar el control no es para débiles. Quizás por eso es uno de los atributos de quienes se han hecho millonarios por sus méritos y el secreto número 7.

Sarian Bouma, la quinta en la lista de millonarios entrevistados para este libro, definitivamente tomó el control de su vida. Tal como se comparte en su biografía *Welfare to Millionaire: The Heart of a Winner (De la beneficencia a millonaria: el corazón de una ganadora)*, ella vivió lo inesperado durante los primeros cinco años después de llegar a los Estados Unidos proveniente de Sierra Leona, África. Su intención inicial para venir a la "tierra de la libertad" era continuar con sus estudios de comunicación después de haberse creado una gran reputación en radio y televisión en su país durante la adolescencia.

En los primeros cinco años en Estados Unidos, Sarian conoció a quien creía era su príncipe azul, se casó, tuvo un hijo, luego se divorció y terminó en un hogar de beneficencia. El día que tuvo que alimentar a su bebé con agua, porque no tenía suficientes bonos de comida para comprar leche, fue cuando tomó el control de su vida y le dio la vuelta.

Sarian comenzó a asumir responsabilidad y dejar atrás el pasado. Se reunió con un consejero de ayuda social, quien le recomendó postularse a participar en un programa de entrenamiento en un banco, el cual se ofrecía por medio de ese centro de ayuda. Siguió el consejo y fue aceptada.

Después de terminar el entrenamiento, trabajó como cajera y, pocos años después, como gerente de una cooperativa de crédito. En el lugar de trabajo, conoció a su segundo esposo, quien vio en ella una mujer brillante, trabajadora y muy amable.

Él la animo a iniciar una empresa haciendo aquello en lo que era buena. Ella meditó mucho en ese consejo y recordaba los elogios que le daban las personas de casas privadas y edificios comerciales que había limpiado durante sus primeros cinco años en los Estados Unidos.

Comenzó el proceso solicitando un crédito para crear una pequeña empresa y, en la solicitud, escribió que algún día la oficina del presidente de los Estados Unidos estaría en su lista de clientes. Cuatro años después, obtuvo el contrato para el nuevo edificio de oficinas ejecutivas donde trabaja el personal del presidente.

Sarian Bouma fundó Capitol Hill Building Maintenance Inc. en junio de 1987. Su corporación de millones de dólares y ganadora de premios llegó a tener más de doscientos empleados.

Sarian se hizo millonaria por sus esfuerzos a mediados de sus treintas. Ella dice que su fortaleza está en su tenacidad.

Tres consejos para tomar el control de tu vida

1. Identifica tus fortalezas y debilidades. Concéntrate en las fortalezas que tienes y, poco a poco, convierte en fortalezas tus debilidades.

2. Ten una opinión positiva de ti mismo. Lee libros sobre cómo mejorar la autoestima y autoconfianza. Así, cuando te encuentres en un cruce de caminos, actuarás de manera más decidida que cuando dudas de tus decisiones.

3. Evita la "parálisis del análisis" (considerar demasiado las situaciones). En lugar de ello, determina una fecha límite para tomar el control de las situaciones inesperadas. La peor decisión, por lo general, es no tomar decisiones.

Ejercicio: toma el control de tu vida controlando hasta los más mínimos detalles. Esto te preparará para tener mejor manejo de los grandes desafíos que surjan en tu camino.

Hábito 4

Tienen una fuerte ética de trabajo

Secreto número 8 para crear tu propio éxito: Cumple tu palabra

¿**E**res de los que cumplen promesas o de los que las incumplen? Las personas suelen medir tu valor según tu fidelidad al cumplir tu palabra. Responsabilizarte por hacer lo que dices que vas a hacer es una parte esencial de hacerte millonario.

¿Sabías que el compromiso de cumplir tu palabra comienza con cumplirte a ti mismo primero? Por ejemplo, cuando dices que vas a eliminar el azúcar de tu dieta, ¿lo haces? Cuando dices que vas a dormir ocho horas cada noche, ¿cumples? O cuando te comprometes con hacer ejercicio cinco veces por semana ¿lo haces? Mantener tu palabra comienza con cumplir las promesas que te haces a ti mismo.

Las personas de éxito cumplen lo que dicen que van a hacer. Los compromisos suelen hacerse con un simple intercambio de palabras. Un excelente ejemplo es Mickey Redwine, fundador de Dynamic Cable Holdings y el millonario número veintiuno entrevistado para este libro, y la relación que tiene con uno de sus clientes más grandes.

En un caso puntual, los cables de fibra óptica se cortaron dejando a miles de clientes sin servicio. Como el tiempo era crítico para solucionar la situación, no había tiempo para que la compañía licitara el proyecto o completara toda la documentación para los servicios de Mickey. La relación para hacer un trabajo que valía millones de dólares se basó en la confianza.

¿Eres alguien de palabra o te conocen como una persona cuyas acciones no coinciden con lo que dicen? A menudo pensamos que frases tales como: "te llamaré luego" o "te llamo mañana" solo son frases vacías. Los que están del otro lado suelen tomar esas palabras con seriedad y esperan recibir la llamada en el tiempo mencionado. Cuando eso no sucede, la persona que hizo la promesa pierde credibilidad.

Reconoce que tu confiabilidad está en juego cuando prometes hacer algo en determinado plazo y no cumples.

Tres maneras de cumplir tu palabra

1. Cuando digas que vas a hacer algo, escríbelo. Así, tus palabras se harán reales y será más probable que las cumplas.

2. Cuando prometas cumplir con algo en cierto momento, ¡hazlo! Así establecerás credibilidad con la otra persona al cumplir con tu palabra.

3. Evita las excusas cuando te sorprendan no haciendo lo que dijiste que harías. Reconstruye tu credibilidad ante ti mismo y ante los demás cumpliendo la próxima vez que hagas una promesa.

Ejercicio: desarrolla un fuerte sentido de credibilidad con los demás cumpliendo con lo que dices que harás.

Secreto número 9 para crear tu propio éxito:
Sé una persona de integridad

La mayoría de nosotros no nos trasnochamos analizando nuestra moral. Puedo decirte con certeza que sabes si tienes integridad cuando esta es puesta a prueba.

Permíteme hablarte de Connie L., la sexta en la lista de millonarios de este libro, quien cosechó grandes dividendos gracias a su integridad.

Connie relata que su niñez fue muy pobre. Cuando comenzó a trabajar, se sentía exitosa por poder pagar una factura tan pronto llegaba, en lugar de esperar a recibir su sueldo.

Después de asumir el cargo de gerente de oficina/contadora en una compañía, no lograba entender por qué la organización no podía pagar sus facturas si estaba recibiendo mucho dinero.

El presidente de la compañía le pidió a Connie que investigara a un exempleado, porque se sospechaba que había estado robando a la compañía. Al hacerlo, ella observó algunas cosas que no coincidían. No tardó en descubrir que los problemas financieros de la compañía comenzaban con el presidente y descendían hasta el personal, todos estaban "tomando su pedazo del pastel".

También descubrió que un propietario localizado fuera del estado no sabía que la compañía tenía dos contabilidades. Así que comenzó a implementar métodos a prueba de tontos que obligaban al equipo a rendir cuentas por cada trozo de material que salía por la puerta, así como exigir órdenes de compra por todo lo que ingresaba. Los números no mienten, y Connie logró poner de nuevo en negro la contabilidad de la compañía cuando se controlaron los robos. Mientras hacía esto, compiló un reporte para que el propietario tuviera buenos fundamentos. Ella dedicó los siguientes ocho meses a juntar las piezas y recrear la contabilidad de toda la compañía durante los cinco años anteriores y encontró que hacían falta más de $1.500.000 dólares.

El día más difícil en la vida de Connie fue cuando tuvo que decirle al propietario de fuera del estado que su mejor amigo, el que había organizado la empresa, era el que lo había estado robando. El propietario viajó al siguiente día y despidió al presidente. Le dijo a Connie que, si ella lo ayudaba a poner en orden la compañía, se la daría. Ella no lo tomó en serio, pero dirigió la empresa como si fuera propia. Le encantaba su trabajo y tenía un horario flexible.

Connie quedó asombrada cuando el propietario de la compañía la llamó en el año 2006 y le dijo que estaba listo para cumplir su promesa y entregarle la compañía. Ella no estaba segura de haber entendido bien cuando él firmó el último documento y dijo: "algún día vas a ser una joven muy rica". Él le escribió una carta diciendo cuánto lo había impactado que una extraña hubiera venido a salvarlo.

Nota: además de ser una persona íntegra, Connie no es nada pretenciosa, ella no sabía que había logrado el estatus de millonaria hasta cuando el productor de Blue Collar Millionaires la contactó. Tiempo después dijo que, cuando la contactaron, pensó que ellos estaban llamando a la persona equivocada. Solo cuando fue aceptada para la grabación, entendió que de verdad era millonaria. ¡Sin duda la integridad rinde dividendos!

Cuatro maneras de mostrar integridad

1. Cumple tu palabra. Cuando digas que tendrás una respuesta para alguien en un tiempo específico, contacta a la persona a la hora y el día que prometiste o antes, ya sea que tengas la información o no.

2. Sé honesto. Cuando cometas un error, "responsabilízate" en lugar de buscar culpables. Los perdedores señalan a otros.

3. Sé ético. Cuando sepas que algo está moralmente mal, trata de hacerle frente en lugar de mirar a otra parte.

4. Sé respetuoso. Sé amable con los guardas de seguridad, así como con tu jefe.

Ejercicio: evalúa tu nivel de integridad la próxima vez que se vea puesta a prueba.

Hábito 5

Establecen prioridades

Secreto número 10 para crear tu propio éxito: Sé un maestro en el uso del tiempo

Las personas de éxito tratan el tiempo como un bien valioso. Los millonarios hechos por esfuerzo tienen una clara definición de lo que desean lograr antes de salir de la cama.

Algunas de las treinta personas entrevistadas para este libro son madrugadoras y ven que pueden lograr mucho antes del amanecer. Otros son noctámbulos y ven que sus horas más productivas del día son a altas horas de la noche hasta las primeras horas de la mañana. ¡Y otros hacen ambas cosas!

Los siguientes son algunos de sus comentarios:

"Soy fiel en comenzar mi día temprano y, por lo general, antes de las 8:00 a.m. ya he hecho más de lo que la mayoría de las personas hacen durante todo el día", Connie L.

"Me levanto temprano, hago ejercicio, tomo un desayuno saludable y completo cinco horas de trabajo antes de almorzar", Mike Vetter.

"No desperdicies ni un minuto y no desperdicies ni un movimiento. Comienzo temprano y termino tarde", Dru Riess.

"Levántate más temprano que todos los demás. Quédate despierto más tiempo que todos los demás", Bunny Lightsey.

"Prepárate para trabajar treinta horas al día porque veinticuatro horas no son suficientes", Sarian Bouma.

Seis estrategias para ser un maestro de tu tiempo

1. Planea tu trabajo y lleva a cabo tu plan. Cada noche haz una ruta de lo que pretendes lograr para las próximas veinticuatro horas. Esto liberará tu mente.

2. Equilibra tu lista con trabajo y diversión. Después de hacer la lista, evalúa el objetivo de cada elemento de acción. Etiquétalos como "debo lograrlo" y "me gustaría lograrlo". Por ejemplo, tu lista puede verse así:

   - **Debo** contactar clientes potenciales para tener nuevas relaciones de negocios.

   - **Debo** mantener una relación de negocios ya existente.

   - **Quiero** cenar con mi familia.

   - **Quiero** hacer ejercicio.

   - **Quiero** disponer de tiempo para pensar.

1. Cuando venga a tu mente algo que debes hacer, programa tiempo para hacerlo al día siguiente. Si es una prioridad de último minuto, reorganiza el orden de prioridades de las tareas que "te gustaría lograr" e introduce tu tarea de "debo lograrlo".

2. Libera tu mente. Cuando a tu mente venga algo que debes hacer, escríbelo en lugar de almacenarlo en tu cerebro.

3. Mira el correo una vez o no lo mires para nada. Los maestros del tiempo funcionan al máximo tocando las cosas una vez (o nunca), programando el pago automático de facturas. Cuando reciben facturas por correo postal, las abren y las pagan de inmediato en lugar de ponerlas a un lado para pagarlas después.

4. Monetiza tus minutos. Revisa tus prioridades para la semana. Asígnale un valor en dólares a tus tareas. ¡Reconoce que pasar tiempo en familia, ejercitándote y pensando es invaluable!

Ejercicio: *Trata cada hora del día con el mismo respeto que tratarías una factura de $1.000 dólares.*

Secreto número 11 para crear tu propio éxito: Sé puntual

Muéstrame una persona que llega tarde y te mostraré a alguien que nunca alcanzará el estatus de millonario por sus propios méritos. ¿Suena duro? Quizás lo sea. Pero, a veces, la verdad duele.

Durante los últimos quince años, he estado analizando la forma como las personas se relacionan con el tiempo. Estoy convencida de que las personas que llegan temprano o a tiempo son más disciplinadas que las que llegan tarde.

Los que pueden manejar su tiempo, también pueden manejar su dinero. Permíteme demostrar mi teoría. Escribe el nombre de una persona. Frente al nombre, escribe "T" si por lo general llega temprano, "A" si esa persona suele llegar a tiempo, o "R" si esa persona siempre está retrasada.

Si has puesto una "R" frente al nombre de esa persona, me atrevería a decir que también maneja mal sus finanzas. Si dices que ese no es el caso, ¡entonces esa persona probablemente sea un fondo fiduciario! Si escribiste "T" o "A" frente al nombre de la persona, diría que él o ella tiene un buen manejo de sus finanzas. ¿Te ha quedado comprobada la teoría de "si puedes manejar tu tiempo, puedes manejar tu dinero"?

George Schaefer, exdirector ejecutivo y presidente de la junta de Fifth Third Bank tenía un mantra de puntualidad para sus empleados: "Cuando llegas cinco minutos temprano, estás diez minutos tarde". Habiendo prestado servicios de consultoría con este cliente bancario por más de veinte años, puedo decir que el 99,9% de su equipo llegaba a mis programas o antes de la hora de inicio de la reunión o a tiempo. Todo se trata de crear expectativa.

Así que, si estás leyendo esta sección del libro y te identificas con llegar temprano o a tiempo, te felicito. Sin duda tienes lo que se necesita para hacerte millonario. Por otra parte, si siempre llegas tarde, todavía hay esperanza si estás dispuesto a poner en práctica este secreto.

Los siguientes son dos lineamientos para volverte fiel a la puntualidad:

1. **Escribe la hora a la que tienes que partir.** Cuando estás programado para estar en cierto lugar a una hora específica, escribe la hora a la que debes partir en lugar de la hora a la que debes llegar.

2. **Dispón de tiempo adicional para llegar a citas.** Esto reducirá tu nivel de estrés, en especial cuando te veas en una congestión de tráfico inesperada.

El beneficio adicional de dominar este secreto es que automáticamente se transmitirá a tu forma de administrar las finanzas.

Solo espera y observa.

Ejercicio: cuando tengas una reunión programada, escribe la hora a la que debes partir, en lugar de la hora a la que debes llegar.

Secreto número 12 para crear tu propio éxito: Mantén la concentración

El poder de la concentración puede parecer un secreto fácil para muchos, pero es todo un desafío hasta cuando lo dominas. Las personas de éxito reconocen que concentrarse en terminar *un proyecto a la vez* consume mucho menos tiempo y, sin duda, exige menos trabajo.

Las personas que hacen varias tareas al tiempo se equivocan "sintiendo" que pueden ser más productivas. Por ejemplo, están trabajando en un proyecto, escuchan el sonido de un correo electrónico, lo leen y responden el mensaje; vuelven al proyecto inicial, y diez minutos después reciben un mensaje de texto, dejan de trabajar en el proyecto para responder el mensaje y luego vuelven una vez más al proyecto. ¡No es de extrañar por qué se tardan de dos a cuatro veces más tiempo en terminarlo! Esto también añade frustración con el trabajo.

Quiero darte un ejemplo reciente. Durante el otoño de 2017, me encontraba presentando un programa de entrenamiento para uno de mis clientes de la industria energética. Cuando pregunté a los gerentes de cuentas en la audiencia acerca de lo que consideraban la parte más estresante de sus cargos, varios de ellos dijeron que cada día pasaban más tiempo "reaccionando", deshaciéndose de todo lo que se cruzaba en su camino a diario. Dijeron que se sentían halados en diferentes direcciones durante la jornada laboral, desde asignaciones con fechas límite hasta llamadas de clientes con quejas y correos electrónicos de otros departamentos, y la lista seguía y seguía.

Un experimentado gerente de cuenta en la audiencia pasó al frente para ofrecer una solución a sus colegas. Él les recordó las palabras de Charles Winchester (en la serie de televisión M*A*S*H). Ese sagaz consejo fue: "Haz una cosa a la vez. Hazla bien y pasa a la siguiente". Muchos de sus compañeros reaccionaron como si hubiesen tenido una revelación. Vieron que no tenían que comportarse como los perros de Pavlov cada vez que recibían un correo electrónico o una llamada telefónica. En lugar de "reaccionar" a cada timbre, reconocieron que podían usar su tiempo con mucha más eficacia si hacían una cosa a la vez, la hacían bien y *luego* pasaban a la siguiente.

En lugar de dejar que las distracciones te controlen, haz lo que hacen las personas de éxito y que han dominado el poder de la concentración. Una manera de hacerlo es seguir un método proactivo y, por ejemplo, apagar todos los sonidos. Crea un entorno libre de ruido y estimulación de otras personas. En lugar de ser antisocial, programa tiempo y lugares en los que puedas estar concentrado.

De igual manera, programa una cita contigo mismo. Escribe la fecha, la hora de inicio y finalización y el sitio donde te vas a encontrar contigo mismo. Sé específico respecto al proyecto que requiera toda tu atención. No dejes que nada se interponga en tu "cita de concentración". Cuanto más específico seas con lo que quieres lograr, más productivo será este tiempo programado.

Como me distraigo con facilidad, programo mi "tiempo de concentración" alrededor de las 4:30 a.m., me levando y saco al perro mientras hago café. Me encuentro conmigo misma en mi área de trabajo a las 5:00 a.m. y hasta las 7:30 a.m. trabajo en el proyecto más desafiante que debo lograr ese día. Es asombroso lo que se puede lograr en dos horas y media de tiempo sin interrupciones.

Kristen Souza, la séptima en la lista de millonarios de este libro, confirmó lo importante que ha sido para ella y su esposo el poder de la concentración en el proceso de alcanzar un valor neto de siete millones de dólares. Kristen dice que su manera de concentrarse es no permitiendo ningún tipo de distracción, interrupción y desperdicio de tiempo que la hagan desviar de lo más importante. Es claro que los secretos del éxito funcionaron para ellos. Estos nativos de Hawái son líderes reconocidos a nivel mundial en la industria de ukeleles hechos a mano.

Si "mantener la concentración" es un secreto del éxito que todavía debes dominar, los siguientes son cuatro pasos que te ayudarán a lograrlo:

1. Programa una cita contigo mismo. Escribe el sitio, la hora de inicio y finalización, y la tarea a realizar.

2. Crea una agenda para ti. Haz una lista de lo que quieres lograr y los pasos que darás para alcanzar esa meta diaria.

3. Cuando comiences la reunión contigo mismo, revisa la meta que quieres alcanzar y comienza. Si tu mente divaga, reconcéntrate y sigue trabajando.

4. Cuando se esté acabando el tiempo asignado, programa la siguiente "reunión de concentración" contigo mismo.

Cuando hayas creado una rutina, apreciarás estas reuniones privadas contigo mismo. También serás más efectivo con el uso del tiempo al dominar el poder de la concentración.

Ejercicio: todos y cada día, programa una hora específica de inicio y finalización, un sitio y el proyecto en el que te vas a concentrar.

Hábito 6

Tienen sed de conocimiento

Secreto número 13 para crear tu propio éxito: Nunca dejes de aprender

Piénsalo: seguramente pasaste aprendiendo la mayoría de los primeros dieciocho a veintidós años de tu vida. Aprendiste a caminar, hablar y a vivir en sociedad. Aprendiste a leer, escribir y matemáticas. Aprendiste sobre la industria/oficio que elegiste para ganarte la vida y espero que disfrutes hacerlo la mayor parte del tiempo. Seguiste en esa industria o la usaste como plataforma de lanzamiento para encontrar un campo que te gustara.

Después de terminar los estudios formales, ¿tu curva de aprendizaje comenzó a aplanarse? ¿Comenzaste a involucrarte en actividades que no exigieran aprendizaje durante tu tiempo libre?

Si eres como la mayoría, dedicas tu tiempo libre a navegar en la Internet. Pasas horas en Facebook, mirando películas en Netflix o tu programa favorito de televisión. Aunque nada de eso está mal, no sustituye el seguir aprendiendo.

Las personas que apuntan al éxito tienen poco tiempo sin aprendizaje en sus horarios. Ellos usan su tiempo de manera productiva para mejorarse a sí mismos y asegurarse de que su curva de aprendizaje no pierda el rumbo. Adoptan pasatiempos, descubren pasiones, leen libros y hacen exploraciones prácticas.

Los que nunca dejan de aprender, siempre están acumulando conocimientos. Thomas C. Corley, a quien conociste en el secreto 5, pasó cinco años investigando los hábitos de 177 personas que alcanzaron el estatus de millonarios por sus propios esfuerzos. En su libro publicado en 2016, *Change Your Habits, Change Your Life (Cambia tus hábitos, cambia tu vida),* Corley afirma que el 87% de estas personas todos los días dedican treinta minutos o más a la lectura. En lugar de hacerlo por entretenimiento, encontró que ellos leen para adquirir y mantener conocimiento. Entre sus hallazgos, también encontró que las personas que se han hecho millonarias leen tres tipos de libros: biografías, de autoayuda o desarrollo personal, e historia.[1]

Piénsalo: leer treinta minutos al día sería el equivalente a leer treinta libros al año. (Nota: la velocidad de lectura del adulto promedio es de doscientas a trescientas palabras por minuto).

Sin embargo, según una encuesta de grupo en Internet realizada por Pew Research, el adulto promedio en los Estados Unidos lee apenas cinco libros al año.[2] ¡Vaya!... Una diferencia de varios libros para igualar a estos millonarios.

Las siguientes son cuatro formas en las que puedes llegar a ser un maestro en el aprendizaje de por vida sin buscar más horas en el día:

1. Programa una hora específica cada día para tu viaje de aprendizaje continuo. Es más probable que lo hagas si está planeado con antelación.

2. Haz que el tiempo que consideras "muerto" sea provechoso. Si es tu estilo de aprendizaje, escucha un programa de radio o un libro en audio mientras vas hacia el trabajo. Prepárate para usar sabiamente tu tiempo mientras esperas a ese médico a quien le haría mucho bien tomar un curso de gestión del tiempo. Comenzarás a usar lo que solía ser tiempo perdido como parte de tus treinta minutos diarios de aprendizaje de por vida.

3. Elige leer, escuchar y experimentar las vivencias de otros según lo que deseas ser. Si quieres ser grande, lee acerca de personas con grandes logros. Si quieres superar un desafío en la vida, lee sobre personas que hayan conquistado retos similares.

4. El aprendizaje continuo ejercita tu mente. Además de impulsar el poder mental, estarás dominando un secreto del éxito.

Ejercicio: programa treinta minutos al día para comenzar tu viaje de aprendizaje continuo.

Secreto número 14 para crear tu propio éxito: Aprende algo nuevo cada día

Una manera en que las personas de éxito dan movimiento a su creatividad es aprendiendo algo nuevo cada día. Algunos recopilan información nueva relacionada con sus áreas de experiencia. Otros toman tiempo para aprender una nueva destreza.

Estas personas con grandes ambiciones programan tiempo en sus calendarios para desafiar sus mentes y sus cuerpos. Puede ser tan simple como escuchar un programa de radio, leer el periódico matutino o tomar lecciones de golf.

Lectura

Las personas millonarias por sus propios méritos leen por diferentes razones de las que tiene el ciudadano promedio estadounidense, quien lee por placer y también para desestresarse mientras que la mayoría de los que se han hecho millonarios a pulso eligen temas para enriquecer sus mentes y sus cabezas. Aunque algunos leen misterio y otros libros de no ficción escritos por sus autores favoritos, la mayoría de ellos se concentran en tres áreas de interés: desarrollo personal, biografías e historia, como lo compartí en el secreto 13 (nunca dejes de aprender). Una razón para elegir estas lecturas es aprender de las experiencias de otros y saber cómo hicieron frente a situaciones similares que ellos puedan estar enfrentando.

Acción

Ya sea que se trate de una actividad enérgica como jugar tenis o una que no sea un deporte físico como jugar golf, ambos están entre los deportes predilectos entre los que se han hecho millonarios con esfuerzo. Quizás sea porque son deportes sociales y desafiantes que requieren habilidad y concentración. Estos deportes también son muy buenos para refinar las habilidades en la toma de decisiones, otro secreto vital para crear tu propio éxito. Aunque los negocios no se dan oficialmente en la cancha de tenis o el campo de golf, la ética y las relaciones interpersonales son partes importantes de estos deportes, dos secretos más para crear tu propio éxito.

Escucha

Las personas de éxito reconocen que una excelente manera de aprender es escuchando a otros. Así estén de acuerdo o no con la otra persona, están aprendiendo una nueva perspectiva.

Tres formas de aprender algo nuevo cada día

1. Busca eventos en tu área local. Mira cuáles son los que más te llaman la atención. Luego programa tiempo para asistir a uno o más de ellos. Sin duda, aprenderás algo nuevo ese día.

2. Descarga o compra un libro físico acerca de alguien que haya triunfado en tu campo de interés. Aprende del éxito y los fracasos de la persona.

3. Escucha más y habla menos. Como dice el dicho: "tienes dos oídos y una boca".

   Ejercicio: programa una actividad en la que nunca hayas participado.

Hábito 7

Son
organizados

Secreto número 15 para crear tu propio éxito:
Vuélvete un minimalista

Muchas personas se consideran ricas según sus posesiones. ¿Eso te describe a ti? Si compraras menos "cosas", ¿cómo podría ello aumentar tu patrimonio neto?

Diversos estudios han demostrado que las personas se aferran a cosas por razones sentimentales o porque creen que algún día podrán necesitar ese artículo.

Teresa Bullock Cohen, una trabajadora social clínica licenciada e independiente, comparte por qué a las personas se les dificulta soltar las cosas: "Las personas se aferran a sus posesiones por temor a la privación."[1] Ella afirma que, para el cerebro, es más fácil no tomar una decisión, y por eso las personas no sueltan las cosas materiales que ya no les son útiles.

Sin embargo, la mayoría de los millonarios hechos por su propio esfuerzo no se aferran a las cosas. Por el contrario, un rasgo característico de ellos es el minimalismo. Sus vidas son simples porque practican la "regla de calidad en lugar de cantidad". Ellos reconocen que "menos es más". Eso incluye tomar menos decisiones respecto a qué usar, qué comprar, a dónde ir, qué comer y similares. Menos cosas significan menos decisiones.

No te engañes creyendo que estas personas exitosas se privan a sí mismas. Por el contrario, los minimalistas guardan su energía para las decisiones grandes que impactan sus vidas y las de los demás, en lugar de desperdiciar tiempo en trivialidades que no tendrán importancia después de una semana, un mes o un año. Por ejemplo, los minimalistas no desperdician tiempo determinando qué ropa usar. Mark Zuckerberg, Tim Cook, Warren Buffett y Jeff Bezos usan los uniformes de su elección: camiseta y jeans, un traje o una camiseta polo y pantalones. Menos decisiones crean más espacio para tener una mente clara.

Ellos viven con menos para concentrarse más en lo que consideran importante: su libertad financiera, relaciones saludables, tiempo con familia/amigos y los negocios.

Quizás te preguntes, "¿vale la pena volverse minimalista?". Claro que sí, mientras quieras simplificar tu vida.

Cinco ventajas de volverse minimalista

1. Te sentirás más organizado. Tendrás más orden con menos "cosas".

2. Pensarás con mayor claridad. Menos cosas, menos distracciones.

3. Manejarás el tiempo con mayor eficacia. Podrás encontrar las cosas en menos tiempo.

4. Serás más productivo. Eliminar las cosas innecesarias te libera para concentrarte en decisiones que pueden hacer la diferencia en tu vida y en las de otros.

5. Tus entornos se sentirán más grandes con menos desorden. Esa es una manera fácil de adquirir más pies cuadrados sin ningún costo adicional.

Cuando estés listo para probar qué se siente volverse minimalista, elige las cien cosas que consideras esenciales en tu vida. Eso incluye qué usar, tus accesorios, tus artículos de aseo, tus elementos de cocina, tus herramientas tecnológicas, y cosas similares. Mantén todo fuera de la vista, así eso implique cubrir la ropa que no está en tu lista, guardar en cajas los elementos de aseo que no vas a usar, tener un cajón especial en tu habitación y baño para los artículos de aseo que elegiste, usar solo un vaso en la cocina y cosas similares. (Nota: Los muebles, las fotografías, los autos y las bicicletas no cuentan como parte de tus cien artículos).

¿Estás listo? Prepárate. Haz ahora mismo tu lista de cien artículos

Por un mes usa únicamente lo que escribiste en tu lista y verás cómo cambia tu vida. Mira cuántas menos decisiones tomas en cuanto a qué usar. Presta atención a cuánto menos tiempo dedicas a encontrar algo ahora que tienes menos desorden alrededor. También tendrás menos distracciones y podrás pensar con mayor claridad.

Tres pasos para volverse minimalista

1. Crea un uniforme. La realidad es que la mayoría de nosotros usamos lo mismo todos los días. Ya sea un traje, jeans y camiseta, pantalones negros, o ese pequeño vestido negro, haz que tus opciones de ropa a usar sean las menos posibles. Puedes acentuar tu

estilo con los diez a veinte accesorios que quizás desees incluir en los cien artículos que elijas mantener en tu vida.

2. Haz una lista de lo que usas a diario. La mayoría de nosotros somos criaturas de hábitos. ¿Usas la misma taza, comes en tu plato favorito y usas los mismos implementos de aseo? Al hacer esta lista reducirás lo que usas y minimizarás el desorden que rodea lo que dentro de poco serán tus cien elementos más usados.

3. Identifica quién eres en lugar de lo que tienes. Al seguir estos lineamientos, verás las cosas materiales bajo una óptica muy diferente. De hecho, harás menos énfasis en las "cosas" y te concentrarás más en tu calidad de vida y las personas de quienes elijas rodearte.

Ejercicio: vive con cien elementos durante el próximo mes. Después de hacerlo, determina cuáles no te hicieron falta. Luego vende todo eso o regálalo.

Secreto número 16 para crear tu propio éxito: Planea con antelación

Muchas personas viven según surjan los eventos. Reaccionan de acuerdo con lo que sucede a diario en lugar de trazar un mapa para cada día, semana, mes y año.

Por otra parte, las personas de éxito protegen su tiempo. Ellos planean sus horas de trabajo y las de su vida personal. Organizan su tiempo con la misma atención al detalle que usan para planear con anticipación sus compras.

Como verás en muchos de los cincuenta y dos secretos en este libro, la planeación hace parte esencial del éxito de estos millonarios. Ellos planean su tiempo, preparan sus compras y definen su mapa de ruta financiero. Son maestros de la planeación.

Puedes llamarlos obsesivos por el control, yo los llamo maestros de su propio destino.

Las personas que planean con antelación son más organizadas y pueden hacer frente a lo inesperado con más facilidad. Esto es porque gran parte de su vida está planeada.

Como lo compartí en el secreto 10, las personas que son buenos maestros del tiempo también tienen control de sus finanzas. Ellos planean con antelación.

¿Por qué no probar qué tan bueno eres planeando? Escribe lo que hiciste durante las últimas veinticuatro horas. Ahora, frente a tus acciones, escribe en qué porcentaje estuvieron planeadas o si fueron espontáneas. ¿Cuántas de tus acciones fueron planeadas o fueron solicitudes que otra persona te hizo? Si encontraste que más del 30% de tus acciones estuvieron basadas en solicitudes de otras personas y consistieron en hacer cosas de manera espontánea, quizás estás viendo que puedes mejorar tu planeación.

Ahora, planea cómo quieres que sea el día de mañana. Haz una lista de lo que quieres lograr, ya sea a nivel personal y profesional en incrementos de una hora. Asegúrate de tener tiempo de relajación. Deja que el 20% de tu tiempo sea flexible.

Muchas personas posponen la planeación para una resolución de año nuevo, pero ¿por qué esperar? Haz que la planeación sea una resolución de por vida comenzando hoy.

Cuatro estrategias para planear

1. Planea tu vida personal y profesional con un mes de antelación. Te sorprenderá lo liberador que es ser tan organizado. Deja abierto el 20% de tu horario para tener flexibilidad y atender solicitudes de otros.

2. Reconoce que, al planear hoy, estás creando tu "futuro".

3. Mantente enfocado. Si cumples con lo planeado, te sorprenderá lo mucho que puedes lograr.

4. Aparta tiempo de quietud en tu horario.

Ejercicio: planea tu trabajo y pon en práctica tu plan.

Hábito 8

Son
eficientes

Secreto número 17 para crear tu propio éxito: Crea un equipo

El 80% de los millonarios entrevistados para este libro comenzaron su propia empresa. Ellos son los primeros en decir que un secreto esencial para crear su propio éxito fue identificar personas con la inteligencia emocional y las habilidades profesionales necesarias para que hicieran parte de sus equipos. También afirman que identificar a personas calificadas es tan importante como retenerlas.

Brian Wong, el octavo millonario entrevistado para este libro, es un maestro en la construcción de equipos. Él se concentra en *ocuparse* de la empresa mientras los miembros del equipo *trabajan* en la empresa. Esto le permite usar su energía para hacer crecer su empresa de publicidad móvil, Kiip. Esa debe ser una habilidad efectiva, considerando que Brian alcanzó su estatus de millonario hecho a pulso a la edad de veintiún años.

Jason Phillips, de quien leerás en el secreto 30, retiene los empleados de Phillips Home Improvements formándolos para que sean líderes. Jason insiste en que es necesario crear un equipo que se mantenga unido en los momentos buenos y malos. Él recomienda incluir a las personas idóneas en tu equipo usando perfiles de comportamiento como DISC. Reconoce que no todos están hechos como tú. Debes liderar un equipo con diversas destrezas, personalidades y preferencias de comportamiento.

Jason también ha encontrado que documentar un sistema es esencial para que los miembros del equipo entiendan con claridad cómo hacer sus trabajos. Él recomienda un sistema que sea fácil de entender, enseñar y replicar. Los buenos sistemas ayudan a las personas a lograr grandes cosas.

Además de preparar a sus empleados para que sean efectivos, ellos hacen énfasis en dirigirlos y motivarlos con eficacia, dos atributos esenciales para crear un equipo efectivo. Al igual que los buenos gerentes, tanto Brian como Jason mantienen una comunicación clara con sus equipos siendo asequibles a ellos. Además, también reconocen el valor de la modificación del comportamiento cuando los sorprenden "haciendo las cosas bien", si ven u oyen que atienden con eficiencia quejas de clientes o hacen todo lo posible para completar a tiempo un trabajo.

Quienes se han hecho millonarios por sus propios esfuerzos establecen claras expectativas por medio de sus propias acciones, así como mediante sistemas documentados. Estos millonarios han construido equipos sobresalientes con solo esperar que hagan lo que los han visto hacer en algún punto.

Estos triunfadores también pueden dar fe de que sus equipos dan a los compradores y clientes el mismo trato que reciben. Han aprendido que, para crear un equipo efectivo, es necesario disponer de tiempo para escucharlos, de modo que ellos, a su vez, escuchen a sus clientes.

Cuatro formas de crear un gran equipo

1. Reconoce que la suma es mayor que el todo. Eso incluye saber que una organización es tan buena como cada uno de los miembros de su equipo.

2. Mantén abiertas tus líneas de comunicación. Permite que los miembros del equipo sepan desde el comienzo que tienen acceso a ti. Cuando algo se puede hacer mejor, comunícalo con tacto como un "momento de enseñanza".

3. Sorpréndelos "haciendo las cosas bien". Los miembros de tu equipo disfrutarán trabajar contigo cuando reciban reconocimiento. Un cumplido logra mucho.

4. Diferencia las funciones de *ocuparse de* la empresa a *trabajar en* la empresa. Recuérdales a los que generan ingresos en tu organización que deberían dedicar la mayor parte de su tiempo a *ocuparse de* la empresa en lugar de *trabajar en* la empresa. Las tareas de *trabajar en* la empresa las deberían delegar a los miembros de su equipo que tienen responsabilidades de *trabajo en* la empresa.

Ejercicio: invierte en tu equipo mediante el desarrollo de líderes. Entrénalos y empodéralos. Tu empresa florecerá.

Secreto número 18 para crear tu propio éxito: Delega

¿Eres un microgerente o alguien que delega? Las personas de éxito reconocen el arte de delegar les da más tiempo en el día para sí mismos. Además de liberar tiempo para desarrollar sus empresas, también desarrollan sus equipos al darles más responsabilidad.

Pude haber sido la ganadora de un premio a la microgerente oficial, hasta cuando me fue asignada la responsabilidad de ir por todo el mundo entrenando a los banqueros privados de la Banca de American Express. ¡Un tour rápido! Entre estar en diferentes husos horarios y días llenos de entrenamiento, tuve muy poca comunicación con mi asistente, quien había estado conmigo por diez años y conocía al dedillo mi empresa.

Tres semanas después, cuando volví a trabajar, le pedí una actualización sobre la empresa. Con orgullo dijo que había "cerrado" tres unidades de negocios. Quedé asombrada y le pregunté "¿cómo?" Su respuesta: "¡Me dejaste sola!".

Me sentí muy orgullosa de ella y también me avergonzó haber afectado sus habilidades para desempeñarse más allá de trabajo administrativo. Mis habilidades de microgerencia no tardaron en desaparecer. A partir de ese día, mi poderosa asistente ha tenido la responsabilidad de hacer seguimiento a clientes potenciales y enterarse de lo que podemos hacer para lograr cerrar negocios con ellos.

Aprendí a ser una maestra de la delegación. ¡Y tú también puedes hacerlo!

Delegar es un desafío constante para muchos líderes. Eli Broad hace eco a eso. Este estadounidense creador de dos compañías del listado Fortune 500 dice lo siguiente sobre el acto de delegar: "La habilidad de delegar es uno de los mayores problemas que veo con gerentes en todos los niveles".[1]

Laura K., la novena integrante del listado de millonarios entrevistados para este libro, llegó a ser la funcionaria de préstamos más productiva en una de las compañías de hipotecas más grandes de la nación. Su secreto: aprendió a delegar a sus dos habilidosas asistentes. Sin embargo, esta destreza la aprendió solo después de entender que su carrera le estaba consumiendo siete días a la semana. Entendió que su vida no era equilibrada.

Según ella, un día, al levantarse se dio cuenta de que únicamente tenía dos manos. Su empresa estaba creciendo y su agenda estaba por reventar con citas para hipotecas. No sabía cómo mantener sus relaciones con clientes actuales y, aun así, disponer de más tiempo para aprovechar las oportunidades de negocios que tanto se había esforzado por obtener.

Laura compartió cómo este dilema de ensueño le enseñó el poder de la delegación. Aunque no quería renunciar al control de todos los detalles, entendió que, si quería alcanzar el siguiente nivel de ingresos (en especial porque estaba trabajando por comisiones), debía rediseñar su plan de negocio.

Comenzó por confiar lo suficiente en sus asistentes como para delegarles tareas. Ellas se convirtieron en la columna vertebral de su éxito, porque se ocupaban de los asuntos "internos" tales como el procesamiento de préstamos. Laura aprendió que el arte de la delegación no solo empoderaba a su equipo, sino que también le liberaba tiempo para ser la persona a cargo, a fin de procurar y cerrar más negocios. Esto le dio más energía y entusiasmo en cada aspecto de su vida.

Cuanto más delegaba, más énfasis hacía en reconocer a los integrantes de su equipo con elogios por hacerse cargo de sus responsabilidades y también con incentivos financieros. Su éxito era el éxito de ellos. Todos ganaban gracias al poder de la delegación.

Laura ganó su primer millón a mediados de sus cuarenta años.

Cuatro consejos para dominar el arte de delegar

1. Reconoce que deberías delegar todo lo que hayas hecho tres veces. En lugar de organizar una reunión, delégalo. Para no crear la agenda de la reunión, entrega la responsabilidad a algún miembro del equipo para que la organice.

2. Premia a los miembros de tu equipo con elogios por los proyectos que hayan asumido. Una palabra amable y una muestra de aprecio los animará a querer más responsabilidad.

3. Cuando veas el error que haya cometido algún miembro del equipo con un proyecto que hayas delegado, haz que esa persona asuma la responsabilidad del error. Hagas lo que hagas, evita volver a hacerte cargo del proyecto para hacerlo tú mismo. Errar es humano, de vez en cuando.

4. Después de dominar el arte de delegar, asegúrate de usar sabiamente tu tiempo extra.

   Ejercicio: escribe todo lo hayas hecho en el trabajo durante los últimos dos días. Identifica qué podrías haber delegado sin problema a un miembro del equipo (asumiendo que tienes a alguien a quien puedas delegar trabajo).

Hábito 9

Van la milla extra

Secreto número 19 para crear tu propio éxito:
Corre riesgos calculados

Mientras escribía varias secciones para este libro en un café, tuve pequeñas conversaciones con personas que se sentaban cerca de mí. Una de esas conversaciones fue con una persona llamada Abed Elsamna a quien, tras pocos minutos de conversación, enmarqué como un futuro millonario. Él había encontrado su pasión. Era innovador, una persona con mucho carisma y no dejaba de preguntar hasta obtener un "sí" por respuesta (había pasado varios meses convenciendo a su esposa, que también trabajaba en finanzas, de que sí valía la pena correr el riesgo de dejar su trabajo seguro). Sobre todo, estaba dispuesto a correr el riesgo de fracasar para poder alcanzar el éxito. Aunque apenas lo conocía, pronto noté que este hombre de veintinueve años ya tenía gran dominio de varios de los 52 secretos para crear su propio éxito.

Durante el último año, él y su cofundador, Hassan Mahmoud, habían dedicado todo su tiempo libre en las noches, temprano en las mañanas y los fines de semana a desarrollar un producto para sitios de eventos. Su tecnología ofrecía una nueva forma para que esas pequeñas empresas ofrecieran una experiencia moderna y tecnológica a sus clientes al planear bodas u otros eventos. Después de probar su producto, Abed y Hassan estuvieron listos para dedicar el 110% de su tiempo a lanzar su nueva empresa llamada Invitext Technologies.

Este escenario es un punto de partida común para muchas personas que se han hecho millonarias. Inician sus carreras siendo empleados de una organización establecida. Si los pica el bicho del emprendimiento o llegan a verse sin trabajo, entonces dan el salto y comienzan su propia empresa.

Ellos no se dejan desanimar con los informes estadísticos de la Administración de Pequeñas Empresas, donde se reporta que solo el 66% de las pequeñas empresas sobreviven a sus primeros dos años.[1] De hecho, a ellos les gustan los desafíos (secreto 32).

Este es un punto de partida común para muchos que han llegado a ser millonarios por sus propios méritos. Al menos así fue con Jeb López, el décimo millonario en este libro. Jeb nació en las Filipinas y siempre soñó con vivir en los Estados Unidos. El padre de Jeb ofreció pagar sus estudios si era aceptado en una universidad de los Estados Unidos. Jeb fue aceptado y se mudó a California. Después de graduarse, obtuvo un buen empleo de TI en Washington D.C. Sin embargo, no tardó mucho en ver que el mundo de los negocios no era para él.

Renunció a su empleo y comenzó a servir como voluntario para una organización sin fines de lucro. (Mira en el secreto 43 lo que el voluntariado hizo por Jeb cuando decidió "devolver a otros"). Como una manera de ganar dinero adicional, tomó un empleo temporal haciendo entregas de repuestos de autos para un distribuidor de autos local y, en el proceso, vio que había una gran oportunidad de mejorar los servicios de entrega de repuestos para autos.

En el año 2011, con solo $7.000 dólares, Jeb lanzó Wheelz Up, LLC, una empresa que entrega autopartes y carrocerías a concesionarios y talleres de reparación en Washington, Virginia, Maryland y Texas. Seis años después, su compañía genera más de $4,5 millones al año.

Mientras que el 16% de las personas seleccionadas al azar para este libro alcanzaron el estatus de millonarios por sus propios medios siendo empleados en el mundo corporativo de los Estados Unidos y una persona invirtió en una empresa ya establecida, el 74% restante optó por hacer crecer su propia empresa o adquirir una ya existente.

¿Qué tan bueno eres tomando riesgos? ¿Visualizas tu futuro desempeñando un mismo papel dentro de una organización ya establecida? ¿Estás esperando que surja el impulso del emprendimiento?

Tres formas de correr riesgos calculados

1. Estírate tomando riesgos pequeños. Así crearás confianza para correr riesgos mayores y/o enfrentar lo desconocido que surja en el camino.

2. A medida que te prepares para correr un riesgo, planea con antelación. Pregúntate qué es lo mejor que puede suceder, así como cuál podría ser el peor escenario. Crea soluciones para cada posibilidad. Tu tolerancia al riesgo mejorará cuando estés preparado para lo desconocido.

3. Reconoce que, para triunfar en la vida, debes correr el riesgo de fracasar para experimentar el éxito.

> *Ejercicio:* *prepárate para los próximos riesgos calculados haciendo cosas que estén fuera de tu zona de confort.*

Secreto número 20 para crear tu propio éxito: Convierte los fracasos en oportunidades

¿Aprendes de los fracasos pasados o cometes el mismo error varias veces?

La mayoría de nosotros instintivamente aprendemos del fracaso. Comienza cuando pasamos de gatear a dar ese primer paso. Rara vez caminamos a partir de nuestro primer paso. Lo más común es que nos tambaleamos, tropezamos e incluso caemos... y volvemos a comenzar.

Nuestra confianza para convertir el fracaso en oportunidades aumenta o disminuye dependiendo del ánimo que recibamos de familiares y amigos, así como de la fuerza interior. Nuestro ser interior, esa confianza que tenemos en nosotros mismos, determina el escenario de cómo manejaremos lo que muchos llaman "fracaso".

Según Thomas C. Corley, 27% de los millonarios hechos con esfuerzo han intentado y fracasado al menos una vez en los negocios.[2] Factretriever.com afirma que el millonario promedio entra en banca rota al menos 3,5 veces.[3]

Muchos ven el fracaso como algo negativo. Cuando algo no funciona como debería, lo ven como una proposición perdedora, como una calle sin salida. Renuncian a su idea quizás demasiado pronto.

¿Ves el fracaso como adversidades o como "un éxito en progreso"? Si lees el primer secreto de este libro, tener una "mentalidad de millonario" es esencial para crear tu propio éxito. Recuerdo el impacto que las palabras de la psicóloga de comportamiento, la doctora Eden Ryl, tuvieron sobre mí a comienzos de mis treintas. Ella dijo, "para triunfar debes arriesgarte a fracasar...".[3]

¿Alguna vez has fracasado? Si dices no, eso no me impresiona. Mi pregunta es: ¿Qué es lo que no estás haciendo para salir de tu comodidad? Si me dices que te han ofrecido todos los empleos a los que te has postulado, estás mintiendo o no te has presentado a suficientes trabajos que te permitirían desarrollar tu potencial al máximo.

Si, por otra parte, admites que has experimentado el fracaso, me quito el sombrero ante ti por correr un riesgo. Mi siguiente pregunta es "¿cómo convertiste el fracaso en una oportunidad?".

Si me das 101 excusas por las que renunciaste después de fracasar, culpando a otros, a una situación o la economía, ¡debería darte vergüenza! Recuerda, los perdedores crean excusas. Los ganadores, por otra parte, buscan soluciones aprendiendo del pasado y avanzando hacia adelante. Las siguientes son dos situaciones comunes que describen a las personas que se quedan en sus zonas de confort en lugar de arriesgarse a fracasar para poder triunfar:

1. Los que se sienten miserables en sus empleos actuales, pero siguen ahí por temor a no encontrar otro. No quieren arriesgarse a fracasar por no encontrar un empleo más apto para ellos.

2. Muchos permanecen en relaciones tóxicas en lugar de aprender a mejorar las relaciones que tienen. No entienden que una relación saludable no consiste en cambiar los hábitos de la otra persona. Comienza con cómo reaccionamos a esos hábitos.

Cinco pasos para convertir en oportunidad un aparente fracaso

1. Analiza lo que podrías haber hecho de otra forma.

2. Identifica cómo puedes modificar tu método.

3. Ten la disposición a escuchar el consejo de otros, en especial de personas que hayan alcanzado metas similares. Capta sus perspectivas respecto a lo que consideren que habrías podido hacer diferente.

4. Usa el método de Scarlet O'Hara de "con Dios como testigo, lo haré". Permite que el fracaso haga que tu convicción de alcanzar la meta sea más fuerte. Luego levántate, sacúdete e inténtalo, inténtalo una vez más.

5. Recuerda: ¡Para triunfar solo debes tener la razón una vez!

Como dice Andy Hidalgo, uno de los millonarios mencionados en este libro: "Si lo intentas y fallas, al menos aprendes, pero si fallas por no intentarlo, nunca sabrás qué tan bueno puedes llegar a ser. No dejes que el fracaso detenga tu ambición. Mantente positivo y siempre busca oportunidades. Sé recursivo".

Ejercicio: la próxima vez que fracases, considéralo como un "¡éxito en proceso"!

Secreto número 21 para crear tu propio éxito: Perseverancia

A menudo, cuando lees sobre personas exitosas, lo que no se menciona son los obstáculos que enfrentaron en su recorrido. Lo que diferencia a estas personas de otros es cómo manejan "lo inesperado". En lugar de sentirse derrotados por las circunstancias imprevistas que la persona promedio puede percibir como "fracaso", estos triunfadores han desarrollado una "mentalidad de éxito". Ellos ven la adversidad como un obstáculo a superar. En otras palabras, perseveran.

Las personas de éxito no piensan en renunciar. El término *fracaso* no está en su vocabulario. En lugar de ello, usan su tiempo y energía para identificar qué necesitan para retomar el curso y terminar el trabajo.

Sin duda, la "perseverancia" es parte del ADN de Mike Vetter, el doceavo millonario entrevistado para este libro.

Siendo el propietario y operador de The Car Factory, cuyas oficinas principales están en Daytona Beach, Florida, Mike se gana la vida construyendo y vendiendo carros conceptuales únicos. Mike explicó que se diferencia del 90% de las personas que se propusieron construir su propio auto exótico porque tiene una mentalidad positiva y perseverancia. Aunque otros pueden tener bastantes conocimientos mecánicos y de autos, muchos no tienen la tenacidad mental para seguir adelante cuando encuentran un obstáculo imprevisto.

Cuando se le preguntó cómo persevera en medio de las adversidades, explicó qué es el éxito para él: "Mi manera de pensar es que no existe un trabajo que no se pueda finalizar. Cuando se presenta un bloqueo a esta mentalidad, y *siempre pasa*, no debes detenerte, sino que debes seguir adelante. Cuando encuentro obstáculos en el camino, los desgloso en pasos más pequeños".

Mike ha aprendido que, cuando se ve desafiado por un obstáculo imprevisto, enfrenta el desafío y luego se traza una nueva meta para alcanzar lo que debe hacer. Mike compartió que, a menudo, aunque no siempre, ve todo el curso del proyecto; este aparece a medida que avanza hacia su meta.

Cuatro pasos para perseverar cuando encuentres un obstáculo en tu vida

1. Cuando enfrentes un tropiezo, escribe cómo se suscitó. Al hacerlo, tendrás mejores posibilidades de evitarlo en el futuro.

2. Escribe las posibles soluciones. Luego, una por una, prioriza cuál funcionará mejor para tu desafío actual.

3. Usa la Internet como fuente para aprender de qué manera otros han resuelto desafíos similares. ¡Puedes tener la certeza de que no eres el primero!

4. Sobre todo, mantén una mentalidad positiva. Esta actitud te dará el impulso para PERSEVERAR.

Ejercicio: la próxima vez que enfrentes un obstáculo inesperado en la vida, ¡persevera!

Hábito 10

Desarrollan un alto coeficiente emocional

Secreto número 22 para crear tu propio éxito: Escucha

Has aprendido a leer, pero, ¿alguna vez has aprendido formalmente a escuchar? Si has tomado una clase sobre escucha efectiva y estás poniendo en práctica las estrategias, me quito el sombrero. Eres la excepción.

La mayoría de las personas no sabe cómo escuchar, porque nunca se les ha enseñado. Quizás esa es la razón por la que escuchar es el secreto número 22 para crear tu propio éxito.

Escuchar es más difícil de lo que suena. Esta habilidad es el factor diferenciador entre una persona de negocios con dos oídos y un profesional de negocios que presta total atención cuando alguien está hablando.

Tener un alto coeficiente intelectual no te califica como un buen oyente. En lugar de eso, las personas que han trabajado para desarrollar un alto CE (coeficiente emocional) son mejores candidatos a ser buenos oyentes en comparación con personas de alto coeficiente intelectual.

Entonces, ¿por qué la concentración mientras escuchamos es un problema mayor que la concentración durante cualquier otra forma de comunicación? Ralph G. Nichols y Leonard A. Stevens, en su artículo de 1957 (sí, 1957) "Cómo escuchar a otros", explican por qué tantas personas se ven desafiadas a la hora de escuchar.

Pensamos más rápido de lo que hablamos. La tasa promedio de conversación para la mayoría de los estadounidenses es de 125 palabras por minuto, pero nuestro cerebro procesa la información a velocidades de más de 125 palabras por minuto... Cuando escuchamos, le estamos pidiendo a nuestro cerebro que reciba palabras a un ritmo extremadamente lento comparado con sus capacidades.[1]

Aunque nuestra manera de comunicarnos ha cambiado mucho desde 1957, el arte de escuchar no ha mejorado. De hecho, con la gran cantidad de distracciones que tenemos al alcance de nuestros dedos, el arte de escuchar está en decadencia.

Cuatro consejos para escuchar

1. Permanece en el momento. Presta *toda* tu atención eliminando distracciones que puedan impedirte dar tu completa atención a la persona que está hablando. Eso incluye cualquier forma de tecnología con el potencial de emitir un sonido.

2. Deja que tu lenguaje y expresiones corporales demuestren que estás prestando atención. Eso significa mantener contacto visual con la persona que habla, mirarla a la cara, evitar los brazos cruzados, asentir cuando estás de acuerdo y más.

3. Espera a que te pidan consejo. La mayoría de las personas que necesitan ser escuchadas solo quieren

eso, que los oigan. Evita dar consejos cuando no te lo
ha solicitado. En lugar de hacerlo, ofrece una solución
cuando te lo pidan.

4. Haz eco de lo que has escuchado. Resume lo que
   escuchaste. Luego ofrece el consejo que te hayan
   pedido. Esto reforzará y aclarará lo que escuchaste.

Cuando tú y yo dominemos esta habilidad, podremos tener
la certeza de estar en la línea de meta de los millonarios hechos
con esfuerzo. Preparado, listo, ¡escucha!

*Ejercicio: haz eco de lo que has escuchado
antes de dar un consejo.*

Secreto número 23 para crear tu propio éxito: No tengas miedo de preguntar

Ya sea que se trate de hacer una pregunta acerca de algo
que no entienden o pedir un favor, las personas de éxito no lo
piensan dos veces. ¡Solo preguntan!

Recuerdo cuando leí uno de mis libros favoritos *The Instant
Millionaire (El millonario al instante)* de Mark Fisher. Fue hace
veinticinco años y, desde entonces, lo he leído cincuenta veces
(no es broma).

Una de las muchas lecciones que aprendí de ese libro
fue a *no tener miedo de preguntar*. Permíteme dar un ejemplo
específico de cuándo el no tener miedo a preguntar me fue
de gran ayuda.

Después de graduarme de la Universidad Estatal de Ohio
(Fanáticos de Michigan: Por favor no dejen de leer el libro,
pero... ¡A ganar Bucks!), envié mi currículo a seis escuelas
secundarias que tenían vacantes abiertas para enseñar español
al año siguiente. Una semana después de enviar los currículos,

contacté al superintendente de cada distrito para programar entrevistas en persona.

Recuerdo muy bien que llamé a la oficina de un superintendente y la asistente administrativa me informó que no habían recibido mi currículo. Como ese distrito era la primera opción donde quería trabajar, le pregunté a la asistente administrativa que trabajaba directamente con el asistente del superintendente si podía volver a enviar mi currículo. Esta vez se lo enviaría directo a ella. Ella accedió y así lo hice.

Cuatro días después, llamé a la oficina del superintendente de la escuela. Contacté a "mi mejor amiga" (al menos en mi mente) para confirmar que había recibido mi currículo. Ella informó que en efecto había recibido mi currículo, pero que no sería necesario programar una entrevista, ¿la razón? En ese momento, el asistente del superintendente estaba entrevistando por segunda vez a un candidato para el cargo que me interesaba, que era el de maestra de español.

En ese punto, supe que no tenía nada que perder y dije, "me mudé a Cincinnati hace tan solo una semana y seleccioné tu distrito escolar como mi primera opción de empleo. ¿Puedo pedirte, si eres tan amable, entregar una nota por debajo de la puerta de la oficina donde se está realizando la entrevista y pedir que no le ofrezcan esta posición al candidato para el cargo hasta después de que el asistente del superintendente se reúna conmigo? Estaría eternamente agradecida si me ayudas".

Esos cinco segundos de silencio entre el momento en el que dejé de hablar y escuché la respuesta de la asistente administrativa parecieron una eternidad. Después de suspirar, dijo que atendería mi solicitud. ¡Qué alivio! Le agradecí inmensamente y le pregunté si podía llamarla al día siguiente para ver si el asistente del superintendente estaba dispuesto a reunirse conmigo.

Dos horas después, sonó el teléfono. Era la asistente administrativa. Me dijo que me presentara puntualmente en su distrito escolar a las 8:00 a.m. del día siguiente.

Al día siguiente, armada con una caja de chocolates Godiva para mi nueva mejor amiga, llegué a las 7:45 a.m. Y sí, después de reunirme con el asistente del superintendente, conocer detalles sobre el cargo y explicar por qué quería hacer parte de su distrito escolar, me ofrecieron el cargo. Trabajé allí durante los primeros seis años de mi carrera. ¡Sin duda valió la pena preguntar!

Tres consejos para tener la valentía de pedir ayuda

1. Ponte en el lugar de la persona a quien le estás pidiendo ayuda. Si estuvieras dispuesto a ayudar a alguien que te hiciera esa misma petición, ¿qué esperas para hacerlo? ¡Pide!

2. Haz lo mismo por otro. Haz favores cuando no te los pidan y no esperes nada a cambio. Las personas que se beneficien de tu generosidad lo apreciarán. También estarán más dispuestas a ayudarte cuando necesites su ayuda.

3. Asegúrate de tener en el universo más "me lo debes" que de "te lo debo". Tu generosidad para ayudar a otros te dará la confianza de pedir ayuda cuando la necesites.

Ejercicio: sigue la regla de platino del siglo XXI: "trata a los demás como quieren ser tratados". Con esto, cuando necesites un favor, tu solicitud será mejor recibida.

Secreto número 24 para crear tu propio éxito: Devuelve a otros

Hace unos años, mientras caminaba por una calle en el centro de New York, vi un paquete de dinero en el piso.

Al parecer, se había caído del bolsillo de una persona.

Lo recogí y miré hacia todas partes para ver si algún peatón cercano estaba devolviendo sus pasos en busca del tesoro en mis manos, pero no vi a nadie que se ajustara a esa descripción. Sin pensarlo dos veces, detuve al siguiente transeúnte y le dije: "disculpe, ¿usted cree en el principio de pasar el beneficio a otros?". La persona dijo, "claro que sí". Entonces le entregué el paquete de dinero y le expliqué que lo había encontrado en el suelo hacía pocos minutos y quería pasar el beneficio. Hasta la fecha, desconozco si eran $10 o $10.000 dólares. Lo que sí sé es que, para comenzar, no era mío y darlo a otro era lo correcto.

La mayoría de las personas entienden este principio de dar o devolver a otro como una expresión que retribuye una buena obra a otra persona que no fue el dador inicial, pero pocos conocen cómo surgió. El libro de Robert A. Heinlein, de 1951 *Between Planets (Entre planetas)* se convirtió en una película titulada *Pay it Forward (Cadena de favores)* en el año 2000. La película se trataba de un chico que tenía como asignación un desafío: hacer una diferencia en el mundo. Él creó la teoría de "cadena de favores" con la intención de crear un efecto de onda de buenas obras en todo el mundo.

El principio de "cadena de favores" ha sido y seguirá siendo un secreto para crear tu propio éxito. Este acto abnegado es un rasgo común en la vida de las personas entrevistadas para este libro y que se hicieron millonarias. Ellos dijeron que "devolvían a otros" no solo dando dinero, sino también dando su tiempo. El consenso en cuanto a lo que recibieron a cambio fue unánime: hacer bien a otros era, en sí mismo, una recompensa.

De hecho, John Phillips, el onceavo millonario entrevistado, alcanzó este estatus de éxito en sus treintas. Este saludable hombre es el propietario de Phillips Home Improvement con base en Plano, Texas. Él ha visto los beneficios de pagar a otros. Según él, los beneficios secundarios se ven porque "cuando él y su familia enriquecen la vida de otro, sus propias vidas se hacen más ricas".

Al preguntarle cómo Jason y su familia devolvían a otros, surgieron los siguientes actos de generosidad de tiempo y dinero:

- "Un año vi la necesidad de servir como mentor para niños que carecieran de figuras paternas. Lo hice tomando un día libre a la semana y enseñándoles artes marciales y ayudándoles a fortalecer su carácter. Nunca vi el resultado y para mí estuvo bien. Solo invertí en sus vidas con fe, así como muchos han invertido en la mía. Como resultado, me sentí animado y, aunque ese año solo trabaje semanas de cuatro días, Dios bendijo nuestro negocio con crecimiento exponencial".

- "Nos deteníamos y ayudábamos a un extraño al lado del camino".

- "Un hombre frente a nosotros en el supermercado tenía un carrito lleno de comida para bebé y pañales. A la hora de pagar, su tarjeta de débito no funcionó. Mi familia y yo tuvimos la oportunidad de pagar su factura".

- "Sentimos el deseo de darle un regalo de navidad a una mujer que nos atendió en el servicio al automóvil de un restaurante que frecuentábamos, y eso le alegró el día".

Como verás, hay muchas maneras en las que puedes devolver dando a otros. Puede ser algo tan pequeño como una sonrisa. Puede ser dar a otra persona el espacio de estacionamiento que los dos vieron al mismo tiempo o pagar la cena de otro por querer hacerlo. Incluso puede ser pagar la educación de un estudiante sin esperar nada a cambio. El tamaño del gesto es irrelevante. Lo importante es hacerlo sin esperar nada a cambio.

Jason cree firmemente en ser diligente en sembrar buenas semillas de manera consistente. Él afirma que su éxito se ha basado en la mentalidad de "cosechas lo que sembraste". Dice que devolver a otros equivale a hacer lo correcto cuando nadie más está mirando.

¿Cuándo fue la última vez que "devolviste a otro"? Las siguientes son algunas maneras en las que puedes hacer del mundo un mejor lugar.

Tres maneras sencillas de devolver a otros

1. Cuando estás conduciendo entre mucho tráfico, deja que el auto a tu lado pase frente a ti.

2. Elogia a un colega por un trabajo bien hecho sin esperar nada a cambio.

3. Cuando recibas una mejora a primera clase en un vuelo, dile al funcionario de la puerta que quieres darle tu silla a otro pasajero que esté sentado en clase económica, sin que sepa quién lo hizo. ¡Eso es devolver a otro!

Ejercicio: la próxima vez que tengas la oportunidad, ¡devuelve a otro! Además de alegrarle al día a otra persona, experimentarás un sentimiento de, como se dice en yídish, "nachas", una profunda felicidad.

Hábito 11

Alimentan sus cuerpos y sus mentes

Secreto número 25 para crear tu propio éxito: Ejercítate por salud

Según el Centro para el Control de Enfermedades, solo el 20% de los adultos estadounidenses cumplen con las recomendaciones generales de actividad física. El 50% siguen los lineamientos aeróbicos y una tercera parte cumplen con las recomendaciones de entrenamiento muscular.[1] Sin embargo, las personas que buscan una vida saludable, feliz y productiva hacen del ejercicio físico una actividad regular en sus actividades semanales. Las personas de éxito hacen énfasis en ejercitarse con frecuencia.

Si no te gusta el ejercicio, piénsalo bien. Admito que, al igual que dos tercios de los estadounidenses, no tenía ningún régimen frecuente de ejercicios hasta antes de comenzar a escribir este libro. Ahora, mi motivación para ejercitarme durante treinta minutos al día cinco veces a la semana fue haber visto una correlación directa entre el poder cerebral y el buen estado físico. John J. Ratey, psiquiatra de la Escuela de Medicina de Harvard y autor de *Spark: The Revolutionary New Science of Exercise and the Brain (Chispa: la revolucionaria nueva ciencia del ejercicio y el cerebro)*, encontró que incluso diez minutos de actividad generan cambios en tu cerebro.[2]

Además de ser el treceavo millonario en este libro, Rodger DeRose, presidente y director ejecutivo de Kessler Foundation, me explicó los beneficios de por vida que la actividad física tiene a nivel personal y profesional. De hecho, para Rodger la actividad física es algo natural.

Comenzó cuando estaba en la escuela básica, haciendo parte de los equipos de fútbol americano, baloncesto, atletismo y béisbol. En la secundaria, estuvo activo en los mismos deportes.

Cuando llego a la universidad, su trabajo de medio tiempo y los estudios de tiempo completo impidieron que Rodger dispusiera de tiempo para participar en equipos deportivos. Sin embargo, en lugar de eliminar el buen estado físico de su vida, insistió en ejercitarse a diario.

La experiencia de Rodger confirma los hallazgos del doctor Ratey. Encontró que los beneficios del ejercicio eran mucho más que solo un buen estado físico y buena forma. Aprendió que el ejercicio beneficiaba la calidad del sueño y los niveles de energía. También le ayudaba a manejar el estrés y a mantener clara su mente, con lo cual podía subdividir mejor las actividades para el día. Incluso vio que de sesenta a noventa minutos en el gimnasio le ayudan a definir y alcanzar metas, así como a ser más eficiente en el manejo de su tiempo.

Rodger tenía razón cuando explicó que las personas más exitosas se exigen a nivel físico y mental, razón por la cual muchos de ellos tienen rutinas de ejercicio que los llevan más allá de sus límites. Los hace físicamente más fuertes, mientras que mejoran su atención mental. Él es la clara evidencia de que el ejercicio es la mejor inversión que alguien puede hacer para su cerebro en términos de ánimo, memoria y aprendizaje.

Tres formas de hacer que un régimen de ejercicios sea parte de tu vida

1. Comprométete con una hora específica cada día para ejercitarte durante al menos treinta minutos.

2. Si piensas hacerlo en otra parte, empaca tu ropa de ejercicio en la maleta del gimnasio la noche anterior. Si donde vives hay un gimnasio, dedica un cajón específico o una sección de tu armario para la ropa de ejercicio.

3. Ya sea que tu régimen de ejercicio consista en correr, nadar, ir a un gimnasio o ejercitarte en tu propia casa, ¡solo hazlo! ¡Puedo decirte de primera mano que tendrás nuevas energías a nivel mental y físico!

> *Ejercicio: haz que el ejercicio sea parte de tu rutina semanal.*

Secreto número 26 para crear tu propio éxito: Toma tiempo para pensar

¿Cuántas horas a la semana programas para pensar? Quiero decir, tiempo en el que de verdad te hagas a un lado de la rutina diaria de la vida y *pienses*.

La primera vez que conocí a alguien que "programaba" tiempo para pensar fue en 1992. John Pierce, un consejero de inversiones que mi contador me recomendó. (Poco sabía él o yo que veintiséis años después él sería el catorceavo millonario entrevistado para este libro). Antes de hablar de negocios, le pregunté a John acerca de un hábito que tuviera al que le atribuyera su éxito. Su respuesta no la he olvidado por más de veinticinco años: "Busco cómo desconectarme para pensar. Hago retiros de silencio un fin de semana que me obliguen a la contemplación".

La respuesta de John fue la última que habrías esperado de este macho Tipo A que se encontraba ascendiendo la resbalosa escalera del éxito. ¿De verdad tomaba tiempo para alejarse de su agitada vida y "tener tiempo para pensar"?

Mientras conducía a casa sola después del trabajo esa noche, las palabras de John volvieron a mi mente. Aunque nunca había tomado tiempo formal para pensar, vi que algunas veces a lo largo de mi vida sí había experimentado lo que él quería decir.

Había sido en la ducha. Siempre había pensado que el momento "de grandes ideas", con la respuesta a la solución que se buscaba, solo llegaba por pura coincidencia. Pero no era así. Se daba porque había estado sola, en calma, en un entorno sin presión y sin distracciones. Sin darme cuenta, además de limpiar mi cuerpo, tenía un entorno para también limpiar mi mente y tenía creado un espacio "para pensar".

Nunca se es demasiado joven o viejo para dedicar tiempo a pensar. En el libro de Bill Gates Sr. *Showing Up for Life (Llegando a la vida)*, él describe una ocasión en la que sorprendió a su hijo de nueve años, Bill Gates III, tomando tiempo para pensar. Los padres de Bill Gates III y sus hermanos estaban en el auto esperando que él saliera de la casa. Cuando finalmente llegó, su madre le preguntó "¿Bill, ¿dónde estabas?" Él respondió: "mamá, estaba pensando. ¿Ustedes nunca piensan?".

Disponer de tiempo para pensar debe funcionar. Funcionó para Bill Gates III, un hombre más que billonario. Funcionó para John Pierce, que se hizo millonario sus propios esfuerzos.

Puede funcionar para ti. Programa tiempo en tu vida "para pensar".

Tres beneficios de tomar tiempo para pensar

1. Recargarás tu cerebro haciendo que los desafíos del día sean más fáciles de enfrentar.

2. Puedes encontrar la solución a esa situación que has estado tratando de resolver.

3. Quizás seas un mejor oyente después de tomar tiempo para escucharte pensar.

   Ejercicio: haz una cita diaria contigo mismo para pensar. Si eres alguien que hace varias tareas el tiempo (como yo) toma cinco minutos más en la ducha.

Hábito 12

Se asocian con personas afines

Secreto número 27 para crear tu propio éxito: Rodéate de personas que quieras imitar

Todos tomamos decisiones que tienen impactos profundos en nuestras vidas. Una de ellas es elegir con quiénes pasamos la mayor parte del tiempo.

La mayoría de las personas eligen sus compañías de manera aleatoria, basándose en compañeros de trabajo, intereses comunes y lazos familiares. Sin embargo, las personas que están rumbo al éxito tienen criterios diferentes. Para ellos, es importante rodearse de individuos a quienes quieren imitar.

Robert Kiyosaki, autor de la serie de libros *Rich Dad Poor Dad (Padre rico, padre pobre)* dice: "en el futuro, te vas a asemejar a las cuatro personas con quienes pasas la mayor parte del tiempo".[1] Sin duda, sus palabras son verdaderas. Piénsalo. Eres el producto de tu entorno y de las personas con quienes más tiempo pasas. Las acciones, creencias y manera de pensar de ellos determinan tus aspiraciones y la persona en quien te vas a convertir mañana, ya sea a nivel personal o profesional.

Como su objetivo era alcanzar el éxito, los millonarios hechos a pulso seleccionaron de manera muy intencional las personas que identificaron como influenciadores positivos. Cuando tenían acceso a ellos, pedían que les sirvieran de mentores. Cuando no era posible tener acceso a estas "personas de influencia", en lugar de bajar sus estándares y elegir influenciadores "a su alcance", leían acerca de las personas a quienes aspiraban emular, que tenían la seguridad, la confianza y los conocimientos para triunfar.

Bruce Schindler, el quinceavo millonario entrevistado para este libro, es una clara evidencia de que rodearte de personas a quienes quieres imitar sí funciona. Aunque creció en un entorno de escasos recursos, a temprana edad Bruce comprendió muy bien que las personas afuera de su entorno familiar tenían estilos de vida felices y saludables que no consistían en adicciones, abuso y bonos de alimentación.

Al pasar tiempo con las familias de sus amigos, ver esa otra forma de vida le enseñó a forjar su futuro saliendo de la pobreza física y emocional. Al igual que muchos, Bruce supo que su anhelo era lograr una mejor vida, pero no tenía idea de cómo hacerlo.

Para Bruce, su maestro de escuela media fue su primer influenciador. En una ocasión, le dio el siguiente consejo: "Puedes elegir tus amigos, así que elige con cuidado. Rodéate de personas que admires". Aunque la mayoría estaba fuera del nivel socioeconómico de la familia de Bruce, le dio gran importancia a relacionarse con personas que tuvieran una vida mejor a la que él conocía. Como consecuencia, estas personas lo inspiraron dándole un sentido de dirección. La exposición a esas vidas y sus valores también ayudó a Bruce a definir la vida que deseaba tener.

Tras graduarse de la universidad, Bruce se mudó a Skagway, Alaska, en 1993. Encontró su pasión en la cacería de mamuts Fundó Schindler Carvings y es el responsable de tallar y restaurar marfil fosilizado que ha estado enterrado por más de 35.000 años. Bruce se hizo millonario a los 35 años y ahora es influenciador para otros.

Cuatro maneras de rodearte de personas a las que quieres imitar

1. Crea un mapa de ruta de éxito para ti. Escribe los pasos que quienes dar para alcanzar tu *éxito*.

2. Investiga sobre personas que hayan alcanzado metas similares. Búscalas investigando en la Internet. Mira también en tu entorno inmediato. Quizás estén más cerca de lo que crees.

3. Cuando obtengas acceso a ellos, ya sea en persona o leyendo acerca de sus vidas, documenta lo que tuvieron que hacer para alcanzar el éxito. Luego integra esas destrezas a tu camino al éxito.

4. Asegúrate de poner en práctica el secreto 24 (devuelve a otros). Las personas de influencia "llegarán" a tu vida como resultado de la ley de la circulación.

Ejercicio: reevalúa a las personas con quienes más tiempo pasas.

Secreto número 28 para crear tu propio éxito: Encuentra a un asesor experto y confiable

Conocí el libro de Napoleon Hill *Think and Grow Rich (Piense y hágase rico)* después de haber cumplido treinta años. Al leerlo, encontré un término que me pareció fascinante: asesores expertos y confiables. Este término ha permanecido en mi mente durante las últimas décadas a la hora de contratar asesores para mi negocio de consultoría.

Al entrevistar a los treinta millonarios mencionados en este libro, varios de ellos hicieron mención del término asesores expertos confiables. Por eso "encontrar un asesor experto y confiable" fue seleccionado como el secreto número 28 para crear tu propio éxito.

Quizás te preguntes de dónde surgió este término. James Kieran, un reportero del *New York Times* acuñó el término *experto confiable* para describir al grupo de asesores intelectuales que Franklin D. Roosevelt seleccionó para que lo ayudaran durante su campaña presidencial de 1932.[2]

Un experto confiable se refiere a un grupo de personas a quienes se les pide dar consejo para alcanzar una meta específica o dar consejo para la resolución de situaciones desafiantes. Al parecer, Franklin D. Roosevelt eligió bien. Con el consejo de su grupo de "asesores expertos y confiables", fue elegido el presidente número 32 de los Estados Unidos. El presidente también conservó "grupos de expertos de confianza" que lo ayudaron a crear el Nuevo Acuerdo entre 1933 y 1936.

Si eres empleado en una organización, quizás te hayan asignado un mentor. Si no ha sido así, toma la iniciativa pidiéndole a una persona con grandes logros y que al menos esté un nivel profesional más arriba que tú que sea tu mentor.

Si eres dueño de tu propia empresa o planeas iniciar una, elige muy bien uno o más asesores expertos y confiables según las metas a corto y largo plazo para tu organización.

Selecciona a una persona que haya alcanzado metas similares, así represente una industria muy distinta.

Chuck Ceccarelli, el decimosexto millonario entrevistado para este libro, inventor de SidePuller™ y propietario de In The Ditch Towing, dice: "no ha existido una compañía o una persona exitosa que no tenga un grupo de expertos confiables integrado por una o más personas que provean consejo y asesoría".

Los asesores expertos y confiables vienen de muchas formas. Un ejemplo muy común de consejeros/asesores expertos y confiables son los contadores, los abogados, los administradores de pensiones y personas en juntas directivas. Estos asesores suelen ser familiares, amigos y otras personas a quienes, de manera casual o formal, se les pide su opinión basándose en la experiencia profesional. Cualquiera sea el caso, ellos ofrecen consejos objetivos según lo que han visto funcionar con éxito. Los millonarios en proceso siguen sus consejos, y lo usan (o no) según lo consideren apropiado.

Reconoce que tus asesores expertos y confiables pueden rotar según las cambiantes necesidades. Algunos de ellos no cambian. Por ejemplo:

- Allan S., el primer millonario mencionado en este libro y descrito en el secreto 3 (encuentra tu pasión), tuvo más de trece asesores expertos y confiables que lo aconsejaron a lo largo de su carrera. Entre ellos estaban sus maestros que le enseñaron, le asesoraron y aconsejaron para convertirse en un violinista profesional con muchos logros. Sus asesores cambiaron según la habilidad musical fue desarrollando a lo largo de dieciséis años.

- Bruce Schindler, de quién leíste en el secreto número 27, (rodéate de personas a quienes quieras imitar), encontró en su profesor de escuela básica su primer asesor experto y confiable. Treinta años después, además de convertirse en un amigo confiable, esta persona sigue siendo parte importante del grupo de asesores personales de Bruce.

Tu selección de asesores expertos y confiables o mentores debe cimentarse en lo que deseas alcanzar. Es importante que revises quiénes son tus asesores expertos y confiables y reemplaces o añadas "consejeros" según cambien tus necesidades y la experiencia que necesites de estas personas.

Permíteme presentar una situación específica en la que tuve la necesidad de cambiar de asesores expertos y confiables. En 1992, cinco años después de iniciar mi empresa de consultoría con base en los Estados Unidos, nuestra firma recibió la solicitud de dos personas en Taiwán. Ellos querían comprar una licencia a fin de duplicar la empresa en el mercado taiwanés, prestando a los profesionales de ese país los servicios que nuestra firma prestaba a personas en el sector de servicios de los Estados Unidos.

Aunque nunca había tenido algo así en mi radar, era una gran oportunidad de hacer crecer mi empresa. Dado que la experiencia de los asesores expertos que tenía en ese momento solo era a nivel doméstico, contacté al Consejo de Franquicias Internacionales, cuyas oficinas principales están en Washington, D.C. Gracias a esa fabulosa organización, encontré un asesor experto y confiable con experiencia en el desarrollo de relaciones comerciales entre firmas taiwanesas y estadounidenses.

Ya sea que seas un "emprendedor hacia adentro" con enfoque hacia un entorno corporativo o un "emprendedor" listo para crear y hacer crecer tu propia empresa, reconoce la importancia de encontrar uno o más asesores expertos y confiables. Si tienes la fortuna suficiente de hacer parte de una organización que te ha provisto un mentor o un patrocinador, felicitaciones. Identifica tus metas, sigue el consejo de tus mentores y trabaja por alcanzarlas.

Cuatro consejos para elegir asesores expertos y confiables

1. Identifica lo que deseas lograr. Esto te ayudará a determinar cuáles son las personas a quienes deberías pedirles que hagan parte de tu gabinete de asesores expertos y confiables.

2. Comienza por enviar una carta o correo electrónico formal a los asesores expertos y confiables potenciales que elijas. Incluye información acerca de tu organización y explica por qué te gustaría tenerlos como asesores expertos y confiables. Indica el compromiso de tiempo (una vez por trimestre). También recomiendo que menciones una ubicación conveniente para reunirte con esa persona.

3. Cuando la persona acceda, envía una nota de agradecimiento junto con las fechas propuestas. Un mes antes de la reunión con tu asesor experto, envía una descripción de la situación sobre la que vas a pedir consejo.

4. Cada vez que te reúnas con tu asesor experto y confiable, envía detalles de seguimiento con lo que aprendiste de la reunión. Muestra también cómo planeas implementar el consejo dado. Durante futuras reuniones, comparte lo que funcionó como resultado directo del consejo que recibiste de tu asesor experto y confiable.

Ejercicio: identifica dónde quieres estar. Luego, considera muy bien la selección de un asesor experto y confiable que te dé el consejo necesario para alcanzar tu meta.

Hábito 13

Tienen una buena perspectiva de la vida

Secreto número 29 para crear tu propio éxito: Mantén una actitud positiva

Cuando enfrentas situaciones muy adversas, ¿reaccionas con mucho negativismo? ¿O de alguna manera sientes que "debe haber algo bueno en todo esto"? Un rasgo común de los que se han hecho millonarios por sus propios méritos es que mantienen una actitud positiva sin importar lo terrible que sea la situación.

Ser positivo es una elección aprendida. Es una actitud.

Las personas negativas suelen ver las situaciones desagradables como imposibles de resolver. Sin embargo, quienes tiene actitudes positivas ven las mismas situaciones estresantes bajo otra óptica. En lugar de sentirse abatidas por las dificultades, las personas positivas consideran soluciones alternativas para hacer frente a la situación.

Las personas positivas son "solucionadoras de desafíos", mientras que las negativas interpretan las situaciones estresantes como "problemas". Ser positivo consume menos energía que la negatividad.

Sin duda, los millonarios hechos a pulso son personas positivas. Quizás esa sea la razón por la cual son conocidos por crear su propio éxito. Ellos no dicen, "¿por qué me sucede esto a mí?", sino que se concentran en el lado agradable de las cosas sin importar lo difícil que sea la situación.

Aunque todavía hay cinco secretos que debo dominar para alcanzar el estatus de millonaria, estoy segura de que "una actitud positiva" es un rasgo en mis genes. De hecho, soy tan optimista que a menudo soy una molestia para personas de espíritu positivo.

En especial, recuerdo dos situaciones en las que me sorprendí a mí misma con mi positivismo.

Primera:

Había estado esperando reemplazar mi auto de nueve años, pero no podía justificar cambiarlo por uno nuevo. Un día, mientras llevaba a mis hijos a su práctica de fútbol, otro auto nos chocó. Mis hijos no sufrieron heridas y tampoco ninguno de los ocupantes del otro auto. Yo me golpeé la cabeza contra el parabrisas y me llevaron al hospital. Mientras esperaba en los resultados de los rayos X en la sala de emergencias, el policía que estaba escribiendo el reporte del accidente se acercó y dijo que mi auto había sido dado por pérdida total. En lugar de enfadarme, mi respuesta fue, "¿suficiente como para un BMW?". Su respuesta fue: "señora, ¿está usted loca?". Mi respuesta fue: "es probable. Los médicos están examinándome para saber si tengo alguna concusión". El policía debió quedar sorprendido: Sí tenía una concusión y, una semana después, tenía un BMW.

Segunda:

Otra situación en la que una actitud positiva valió la pena sigue estando presente en mi mente. Es lo que sucedió nueve meses después de iniciar lo que hoy es mi firma de consultoría que ya cumplió 31 años. Tenía tres socios silenciosos que eran dueños del 50% de la empresa. Ellos me informaron que querían "salir". No veían que el negocio estuviera generando ingresos con la rapidez suficiente y su solución era disolver la compañía. Pude enfadarme mucho con ellos, pero vi su "deseo de salir" como una oportunidad.

Hice una tormenta de ideas con un amigo abogado y la solución a la que llegamos fue comprar la parte de mis tres socios, devolviéndoles lo que habían invertido en la empresa durante un plazo de dos años. Después de organizar un acuerdo donde ambas partes ganaban, vi su deseo de salir de la empresa como una bendición disfrazada. Reconocí los beneficios y vi que sería mucho más fácil sostener a una persona en el desarrollo de la empresa que a cuatro.

Ser positiva valió la pena. Tres meses después, tras nueve meses de procurar obtener una columna de periódico, un diario de la firma Gannet me eligió para una columna semanal. Dos meses después, cerré un negocio por $20.000, y la mejor parte es que no albergué ningún sentimiento negativo hacia mis tres exsocios. ¡Dos años después, terminé contratándolos como contratistas externos!

En la sección de "productividad" del número publicado en agosto 29 de 2014 de la revista *Inc.*, el editor colaborador Geoffrey James explica que tus actitudes definen y delimitan tu nivel de éxito. "Si tienes una actitud animada, lograrás algún nivel de éxito. Si tienes una actitud pésima", escribe Geoffrey, "verás los obstáculos como amenazas y molestias. Si tienes una actitud positiva, verás los obstáculos como interesantes o incluso divertidos".[1]

Le pregunté a Steve Humble, el decimoséptimo millonario entrevistado para este libro, de qué manera el tener una actitud positiva hizo la diferencia en su vida. Él explicó que es fácil ser positivo cuando los tiempos son buenos, sin embargo, es más benéfico cuando los tiempos son adversos.

Según relata, su actitud positiva se vio desafiada en 2008 ante el colapso de la economía. Fue un tiempo difícil para su organización, Creative Home Engineering. De hecho, por un tiempo dudó de la supervivencia de esta. Sin duda, todo el estrés y las múltiples dificultades no fueron nada divertido. La carga de sostener no solo a su familia, sino también a sus empleados, era algo abrumador.

Pero cuando todo se veía sombrío, Steve se recordaba a sí mismo que siempre había sido completamente honesto con sus clientes (a pesar de las muchas oportunidades que tuvo para no serlo) y sabía que estaba dando lo mejor de sí. Él se daba ánimo sabiendo que, aunque todo saliera muy mal, aún conservaría su integridad y reputación. Esa tenue luz de positivismo transformó su manera de pensar en una actitud de "hacerle frente a lo que surgiera", con la cual pudo seguir escalando y triunfar.

Steve Humble también compartió la importancia de un entorno de trabajo positivo. Al iniciar Creative Home Engineering en el año 2004, una de sus metas era tener un ambiente de trabajo positivo. Se concentró en contratar personas con quienes le gustara pasar tiempo, en lugar de personas con los currículums más impresionantes. Eso le permitió atraer a otras personas que también valoraban mucho un entorno laboral positivo y placentero.

Así que, como verás, ser positivo vale la pena. También es útil cuando surgen situaciones inesperadas como lo describió Steve.

Tres pasos para mantener una actitud positiva

1. Cuando enfrentes una situación negativa, evalúa cómo y por qué sucedió. Si eres el responsable, considérala como una experiencia de aprendizaje.

2. Habla acerca de lo que sientes con alguien, una persona positiva que esté dispuesta a escuchar en lugar de darte consejos sobre lo que "hubieses, deberías o podrías haber hecho". A menudo es más fácil resolver una situación compleja cuando cuentas con alguien que rebote ideas.

3. Evita descargar tu enojo sobre otra persona. En lugar de acusar, sigue adelante. Mantente positivo.

Ejercicio: durante una semana, presta atención a las palabras que usas. Cada vez que te escuches usando una palabra negativa al hablar o escribir, cambia lo que dijiste usando términos positivos.

Secreto número 30 para crear tu propio éxito: Sé feliz

En un artículo del número de julio 6 de 2015 del *Observer*, Benjamin Hardy escribió: "solo uno de cada tres estadounidenses dice ser muy feliz.[2] ¿Es la felicidad una habilidad de vida fácil de aprender o una cualidad innata?

¡Creo firmemente que la felicidad puede ser ambas cosas! Lo que sé con certeza es que ser feliz es una mentalidad. Es una elección. Es cómo te permites reaccionar a cosas.

Por ejemplo, aunque es "humano" reaccionar a lo que sucede en tu entorno, las personas felices tienen la certeza de no permitir que otros o las circunstancias afecten negativamente sus emociones. Quienes están contentos consigo mismos también tienen un efecto positivo sobre otros. De hecho, si has visto la película *The Greatest Showman (El gran showman)* quizás recuerdes que P.T. Barnum dijo, "el arte más noble del mundo es hacer felices a otros". Las emociones positivas de una persona son contagiosas, y esto hace que los demás quieran estar cerca de ella.

Por otra parte, las personas "infelices" suelen interpretar a los demás o a las situaciones como cosas que las hacen tener sentimientos de tristeza, enojo y otras emociones negativas. Lo que no reconocen es que la infelicidad surge de cómo eligen reaccionar a la situación y no de la situación misma.

Un evento específico que se presenta en el lugar de trabajo es que un jefe le recomiende a un miembro del equipo que administre un proyecto de una manera diferente a como lo está haciendo en ese momento. El empleado puede sentirse descontento porque cree que a su jefe no le gusta su trabajo. Pero, si el empleado aprende a aceptar con *profesionalismo* las críticas constructivas de su jefe, en lugar de tomarlo de manera *personal*, el sentimiento de infelicidad no hará parte de la ecuación en el lugar de trabajo.

El doctor Zachary Berk, el decimoctavo millonario en este libro, tiene el título de director de felicidad. Él está seguro de que la felicidad sí se puede aprender. Por eso, fundó HappCo en 2014. Su innovadora empresa de software combina la tecnología, datos y servicios para ayudar a las organizaciones a saber si sus empleados están felices y comprometidos.

Él dice que los talentos y el potencial humano son los activos más importantes para el éxito de una compañía. También ha encontrado que, si los gerentes de una organización saben cuándo los miembros de su equipo están felices o no, entonces pueden ser más efectivos en su liderazgo.

Su organización tiene herramientas que ayudan a las empresas y su equipo humano a identificar el cociente de felicidad del personal. Como resultado, los miembros del equipo mejoran su efectividad y se sienten más agradados con su trabajo, consigo mismos y con lo que aportan. El doctor Berk ha visto que el resultado final mejora el impacto positivo de una empresa, así como sus resultados financieros.

Junto con su equipo, han encontrado que, cuando una organización invierte en la serie de herramientas divertidas y evaluaciones de HappCo, como resultado, logra saber si sus empleados se están sintiendo bien. Aunque la respuesta de cada empleado es anónima, las opiniones dan a las organizaciones cuál es el nivel de felicidad y compromiso. A los empleados también se les da un rastreador diario de felicidad con el cual la gerencia puede hacer seguimiento a la felicidad día a día al interior de la compañía.

Cuatro maneras de analizar qué tan feliz eres

1. Escribe la última vez que te consideraste "feliz". ¿Qué estaba sucediendo en tu vida que te hizo experimentar esas emociones?

2. Escribe cuándo fue la última vez que te sentiste infeliz. ¿Qué lo causó y qué hiciste para dejar de sentirte así?

3. Escribe tres experiencias que te hagan sentir muy feliz. Programa tiempo esta semana para participar en una o más de ellas.

4. Escribe las situaciones que te hagan sentir muy infeliz. Decide eliminar esas situaciones de tu vida un día a la vez hasta que ya no estén presentes.

Ejercicio: sonríe a tres personas hoy. Además de hacer que se sientan bien consigo mismas, también puedes tener un beneficio adicional: una sonrisa a cambio.

Secreto número 31 para crear tu propio éxito: Mantente motivado

¿Cuál es la fuerza que te impulsa a salir de la cama cada mañana? ¿Es la alarma de tu despertador? ¿Es la taza de café esperándote? ¿Son tus hijos que cuentan con que hagas el desayuno? ¿Es el trabajo que amas o quizás la cita que tienes programada?

Lo que te impulsa cada día y te mantiene animado se llama *motivación*. Es la fuerza que guía tus acciones. El diccionario define la palabra motivación como la razón que alguien tiene para actuar de cierta manera.

Cuando comencé mi empresa de consultoría, aprendí que las personas se motivan en una de dos maneras: mediante el "efecto zanahoria" o mediante el "efecto MPET". Si no estás familiarizado con estas formas de modificación del comportamiento, permíteme explicártelas.

El "efecto zanahoria" se refiere a completar lo que iniciaste sabiendo que, al finalizar la acción, recibirás un incentivo positivo. Por ejemplo, si trabajas por horas y pones tiempo extra, entonces recibes más dinero. El dinero extra es la motivación para trabajar más. O si reservas un vuelo en una aerolínea con varios meses de antelación, quizás pagues menos que si lo reservas dos días antes de partir. Ahorrar dinero es el factor motivador para reservar un vuelo con anticipación.

En el otro extremo del espectro de motivación, está lo que muchos conocen como el "efecto MPET" Este acrónimo se refiere al "método patea el trasero"

Para algunas personas, el factor miedo es un buen motivador. Por ejemplo, Serena Williams, la famosa tenista estadounidense, ha sido citada diciendo: "perder me motiva mucho más".[3]

En realidad, no importa cuál sea tu motivador siempre y cuando estés motivado. Una de las cualidades que las personas de éxito tienen en común es su impulso hacia lo que desean hacer. Uno de los muchos factores que inspiran a las personas es comenzar por trazar metas específicas. Su claridad es un factor motivador que les ayuda a trabajar en pro de sus metas. Para mantener su motivación en lugar de sentirse abrumadas en su avance hacia la meta, las personas de éxito dividen lo que deben hacer en componentes más pequeños. Al hacerlo, les es más fácil seguir motivados completando partes del proyecto paso a paso en vez de arriesgarse a pensar en renunciar.

Es más común que las personas que aspiran a tener éxito se desmotiven y no terminen lo que iniciaron. Su final podría ser muy diferente si se permitieran alcanzar pequeños éxitos dividiendo un gran proyecto en componentes más pequeños.

¿Y cómo es en tu caso? ¿Qué haces para mantenerte motivado? ¿Divides un gran proyecto en partes más pequeñas antes de comenzar? ¿Cómo evitas la tentación de renunciar cuando enfrentas un obstáculo? Las personas que terminan de manera consistente lo que comenzaron encuentran una manera de mantenerse motivadas todo el camino hasta la meta.

Por ejemplo, puesto que sigues leyendo este libro, me atrevería a decir que una de tus metas es alcanzar el estatus de millonario por tus propios tus méritos. Si ese es el caso, entonces, en lugar de intentar implementar los 52 secretos al mismo tiempo, tu nivel de éxito será más alto y te mantendrás motivado si escribes con exactitud cuál quieres que sea tu resultado final. Luego, traza un mapa de la cantidad específica de tiempo que dedicarás a completar cada secreto.

Cuando estés seguro de haber hecho que uno de los 52 secretos sea parte de tu *modus operandi*, estarás motivado para iniciar el siguiente secreto. Como dice el dicho: "paso a paso se llega lejos".

Cuatro maneras de mantenerte motivado

1. Comienza con el final en mente, identificando lo que deseas lograr.

2. Ríndete cuentas a ti mismo escribiendo la meta que quieres alcanzar.

3. Divide tu meta en partes más pequeñas y escribe plazos específicos para terminar cada componente de tu meta.

4. Reconoce tu progreso cada vez que completes con éxito una sección. Esto te mantendrá motivado a seguir avanzando con el resto del proyecto.

Ejercicio: identifica lo que deseas en la vida. Luego, determina cómo te motivarás para hacerlo realidad.

Hábito 14

Tomar iniciativa

Secreto número 32 para crear tu propio éxito: Desafíate a ti mismo

¿Estás listo para extenderte a tu máximo potencial? Ahora que has leído más de la mitad de este libro, espero que estés mentalizado para poner en práctica los 52 secretos y crear tu propio éxito. Perdóname por ensillar sin antes traer los caballos, pero estoy muy emocionada de que te estés uniendo a mí en esta jornada.

Adelantémonos al secreto 32. Comencemos por identificar la definición exacta de la palabra *desafío*.

Según el diccionario, este término se describe como "algo que exige fortaleza mental o física para que se pueda realizar con éxito". Estoy segura de que en tu vida no han faltado desafíos que hayas tenido que superar. La buena noticia respecto haber tenido que enfrentar desafíos en el pasado es que estarás mejor preparado para dominar el secreto número 32 para crear tu propio éxito.

Cada persona entrevistada para este libro enfrentó los desafíos que surgieron en su camino con el fin de alcanzar su estatus de millonario por sus propios méritos. Déjame nombrar algunos:

Allan S. se vio desafiado por lo que pudo haber interpretado como una derrota la primera vez que se presentó a una audición para el cargo de violinista en la filarmónica de New York y no obtuvo el cargo. Pero en lugar de eso, durante dos años se desafió a sí mismo para mejorar sus habilidades musicales y ejecutar piezas de orquesta antes de volver a presentar una audición ante esta mundialmente afamada sinfónica. Cuando le ofrecieron una posición de violinista, vio que haber aceptado el desafío había valido la pena.

Sarian Bouma se desafió a sí misma estando en el punto más bajo de su vida cuando no tuvo suficientes bonos de alimentación para comprar leche para su recién nacido. En lugar de darse por vencida, se desafió a encontrar la manera de crear una mejor vida. Y eso fue lo que hizo. Después de aprender habilidades de negocios y encontrar empleo, comenzó su propia empresa. Ella enseñó a sus más de doscientos empleados a desafiarse a sí mismos para tomar el control de sus vidas.

Luego está Nick Kovacevich. Creo que este emprendedor ha estado desafiándose a sí mismo desde que nació. Además de graduarse con las más altas distinciones de la Universidad Southwest Baptist y siendo capitán de uno de los principales equipos de baloncesto masculino a nivel nacional, Nick alcanzó el estatus de millonario por sus propios medios a la edad de veintisiete años. Este consumado pionero en la emergente industria del cannabis legal dijo que sigue desafiándose a sí mismo al elevar sus metas según las oportunidades que surjan en su camino o, mejor dicho, las oportunidades que él crea. Un perfecto ejemplo de cómo Nick se está desafiando a sí mismo en la actualidad es con la siguiente meta que está planteando para su compañía, Kush Bottles: alcanzar ingresos anuales de $100 millones, $10 millones de utilidades anuales con un precio de $10 por acción y cien empleados. Al verlo, puedes estar seguro de que él va por ese desafío.

Después de haber visto cómo estas tres personas se han desafiado a sí mismas para alcanzar el estatus de millonarios hechos con sus propios esfuerzos, ahora es tu turno.

Piensa en la última vez que te desafiaste a ti mismo para hacer algo que exigió mucha fortaleza mental o física. Quizás fue cuando te comprometiste a un régimen de ejercicios semanales. Quizás fue cuando viste las posibilidades de ser promovido en tu empresa y te desafiaste a convencer a tu jefe de que tú eras la personas mejor calificada para el cargo. O cuando te pidieron que completaras un proyecto sin mucho tiempo para hacerlo y te viste desafiado ante el corto plazo que tenías para finalizarlo. Quizás iniciaste la empresa y te viste desafiado en cuanto a cómo manejar el flujo de efectivo.

No importa si los desafíos del pasado hayan sido grandes o pequeños, el éxito que tuviste al enfrentarlos te preparó para afrontar los que vendrán en el futuro. Cada desafio que enfrentas con éxito te da seguridad para enfrentar los futuros. A medida que te prepares para ser un millonario por tus propios esfuerzos, desafíate estableciendo expectativas cada vez más altas. No solo lograrás más, sino que también estarás a la altura del siguiente reto que está a la vuelta de la esquina.

Tres formas de prepararte para los desafíos

1. Escribe el mayor desafío que hayas superado. Describe lo que hiciste para hacerle frente.

2. Cuando enfrentes el siguiente desafío en tu vida, recuerda lo que hiciste en otra situación desafiante.

Tu éxito del pasado te dará la seguridad para las dificultades futuras.

3. Reconoce que, si no te vez confrontado con los desafíos en la vida, quizás no estés viviendo la vida a plenitud. Aunque los retos que tú creas no deben ser irrealistas, sí deberían ser del tamaño suficiente como para generar nuevas oportunidades de aprendizaje y nuevas maneras de pensar.

Ejercicio: desafíate a nivel intelectual leyendo sobre un tema nuevo. Desafíate a nivel emocional expresando tus sentimientos. Desafíate a nivel físico creando o extendiendo tu régimen de ejercicios. Desafíate a nivel espiritual haciendo una lista de personas, experiencias y cosas por las que sientes gratitud.

Secreto número 33 para crear tu propio éxito: Pregunta hasta que obtengas un sí por respuesta

Las personas de éxito conocen el poder de la persuasión. Para ellos un *no es no por ahora, no es el momento correcto* o *estoy muy ocupado para tomar una decisión*. Ellos hacen la misma pregunta más de una vez y en momentos diferentes para así obtener la respuesta que desean.

Es posible que sus interlocutores se irriten ante la insistencia. Según la forma como se le pregunte, la persona puede respetar la creatividad de quien hace la misma pregunta en diferentes ocasiones. La diferencia está en el estilo de la pregunta.

Hay quienes disfrutan la caza tanto como la captura. ¿Cuál eres tú?

Sin duda, James Timothy White, el veinteavo millonario mencionado en este libro, quien alcanzó un capital de siete dígitos a la edad de dieciséis años, disfruta tanto la caza como la captura. A la edad de doce años, fundó su primera compañía en Canadá, la cual desarrolló hasta convertirla en una estructura corporativa de múltiples millones de dólares. En el año 2005, vendió la empresa y se fijó la meta de iniciar un prometedor nuevo emprendimiento en el área financiera.

Como muchos emprendedores de éxito, James se levantó de la bancarrota y convenció a su familia de que invirtieran en su próxima empresa, con la cual llegó a convertirse en el director ejecutivo más joven del mundo de una compañía de acciones públicas en el mercado de acciones de Frankfurt.

A los diecisiete años, James, teniendo una empresa muy pequeña, recibió la llamada de una gran empresa de ingeniería llamada SNC Lavalin Nexacor que tenía varios cientos de torres en toda la provincia de Alberta en Canadá, llamada Alberta Supernet. El gerente de la propiedad había encontrado a James por medio del sitio de internet que había desarrollado y le preguntó si estaba interesado en participar en la licitación de un contrato para el mantenimiento de las torres. Esto incluía la remoción de nieve durante el invierno y el trabajo de paisajismo durante el verano. Sin pensarlo dos veces, James pidió que le enviaran por correo electrónico la documentación necesaria para participar en la licitación.

Esa noche, después de recibir las condiciones, este adolescente le mostró a su madre la documentación que debía reunir y le explicó que iba a postularse en la licitación de esas instalaciones en todo Alberta. Ella fue enfática en decirle que no podía hacerlo. Aunque sabía que su madre tenía razón, ¡James no aceptaba un no por respuesta!

Presentó su licitación sin saber que era el único oferente para el contrato y ganó por defecto. Aunque su madre se opuso, tanto ella como su padre lo respaldaron en el avance de ese emprendimiento.

De hecho, su padre lo llevó a un concesionario Ford para comprar algunos camiones. A la edad de dieciocho años y con una historia crediticia limitada, su solicitud fue rechazada. James, una vez más, convirtió un *no* en un *sí* cuando pidió hablar con el propietario del concesionario. Pocos minutos después de hablar con él y explicarle el contrato que había ganado, el propietario le dijo a James que volviera con su padre al día siguiente. Pocos días después, James había obtenido la aprobación financiera para comprar camionetas pickup nuevas F250 equipadas con quitanieves. Sin embargo, esa fue una forma de financiamiento creativo: el propietario del concesionario usó su propio dinero para financiar la compra de James.

Ahora, equipado con quitanieves, camionetas, sopladoras y palas, James no tenía idea de dónde encontrar personal. A la edad de dieciocho años, sus padres renunciaron a sus empleos para trabajar con él. El único problema es que no tenía dinero, porque todo se había usado en el equipamiento para el nuevo contrato.

La compañía estaba en un plazo de noventa días para recibir pagos, es decir, que tardarían tres meses en recibir su primer cheque. La madre de James y su padre volvieron a hipotecar la casa, también llevaron al máximo cupo sus tarjetas de crédito con el fin de poder pagar combustible, bodegaje y seguros. Al finalizar el año, James recibió un cheque por el contrato, con el cual tuvo suficiente dinero para pagar la hipoteca y las tarjetas de crédito.

Saltemos al año 2006. Sus padres compraron la compañía, después la consolidaron vendiendo las divisiones que no eran tan favorables (el paisajismo, la mensajería, el manejo de activos y cosas similares). En este punto, el único enfoque de la compañía es operar como taller de reparación de camiones y remolques de trabajo pesado, y es uno de los talleres más grandes de la ciudad, ocupando un área de 10.000 pies cuadrados.

Si James hubiese recibido un no por respuesta, él y sus padres estarían en desagradables trabajos sin salida.

En la actualidad, El mayor enfoque de James está en construir su empresa de bienes raíces en todo el estado de Florida y administrar varias inversiones. También se enorgullece de ayudar a que otras pequeñas empresas ya establecidas crezcan, usando su propio capital, con el fin de que personas de negocios trabajadoras puedan comprar equipos, actualizar tecnología y mejorar procesos y procedimientos mediante automatización.

Cuatro pasos para convertir un no en un sí

1. Pregúntate por qué tu solicitud es tan importante para ti. Escribe los beneficios.

2. La coordinación del tiempo lo es todo. Programa tiempo en el que la persona a quien le haces una solicitud pueda darte toda su atención.

3. Reconoce que, si obtienes un "no" por respuesta a tu solicitud la primera vez, debes estar preparado para replantear la solicitud. Si la persona es firme respecto a no acceder a tu petición, pregunta si pueden volver a conversarlo en unos meses. Luego envía un correo electrónico de seguimiento agradeciendo a la persona por su tiempo y di que, según lo conversado, la volverás a contactar en unos meses.

4. Haz seguimiento en la fecha indicada y cumple. Recuerda que el término *si tan solo* no existe en el

vocabulario de las personas de éxito. ¡Es solo cuestión de *cuándo*!

Ejercicio: la próxima vez que alguien en tu vida personal o profesional te dé un no por respuesta, reconoce que obtener la respuesta que deseas es un proceso. Haz la misma pregunta durante un periodo de tiempo hasta que obtengas un sí.

Secreto número 34 para crear tu propio éxito: Crea tu propia suerte

Para tener éxito se necesita más que suerte irlandesa. Gran parte de tener suerte tienen que ver con tu manera de pensar y cómo reacciones a las situaciones.

Las palabras de Tennessee Williams lo demuestran: "Suerte es creer que tienes suerte".[1] ¿Es posible que un rasgo esencial de las personas "suertudas" sea una actitud positiva?

Sé muy bien que la suerte es la forma como reaccionas a tus situaciones. Es una actitud.

Las personas con actitudes positivas usan la creatividad para su beneficio. Recuerdo una situación particular en la que era claro que mi solicitud iba a ser rechazada. Como detesto la palabra *no*, decidí poner en funcionamiento mi creatividad.

Era enero de 1989 y había ofrecido escribir una columna semanal sobre "modales en los negocios" para el diario *Dayton Daily News*. Alan Kelly era el editor de ese periódico en particular y me había dicho que consideraba valiosa mi columna para sus lectores, pero también dijo que estaban considerando a otra persona que había ofrecido escribir sobre un tema similar. Le había enviado varias de mis columnas y lo había llamado dos veces por mes para saber cuándo tomarían una decisión.

En la primera semana de marzo, el señor Kelly me dijo que él y su equipo estaban próximos a tomar una decisión y que ¡mi columna era su segunda opción!

En ese punto decidí "probar suerte" tentándolos a que mi columna fuera su primera opción poniendo en práctica mi creatividad. Mi meta era tocar fibras (positivas, desde luego) con el trasfondo irlandés de este editor. Y como el día de san Patricio se aproximaba, ¡todo parecía que la coordinación del tiempo era perfecta!

Compré papelería verde y un sobre que hiciera juego, y le envié una carta a este irlandés diciendo: "Para tener éxito en los negocios de hoy se necesita más que la suerte irlandesa. Espero que me ayudes en darles a tus lectores esa ventaja competitiva por medio de mi columna de Modales en los Negocios". Luego firmé la carta: "Ann Marie O'Sabath — solo por hoy".

Esto puede parecer tonto, pero adivina... ¡Funcionó!

Creé mi propia suerte. ¡Mi columna semanal pasó a ser su primera opción y estuvo en esa sección durante cuatro años!

Las personas de éxito crean su propio éxito. Ven "oportunidades" en situaciones que otros pueden percibir como propuestas perdidas. Estas personas que supuestamente "crean su propia suerte" operan desde una posición de confianza. Convierten en buenas obras un simple pensamiento e incluso la mala fortuna en oportunidades. Son los que ponen en práctica el principio de "crear tu propia suerte" junto con los otros 51 secretos para crear su propio éxito y se hacen millonarios por sus propios méritos.

Mickey Redwine, el vigésimo primer millonario en este libro es uno de ellos. Alcanzó su estatus de millonario a los 36 años. Muchos de los competidores de Mickey atribuyen su éxito a la "suerte". Mickey es el primero en estar de acuerdo con ellos, ¡claro está, si sabes cómo crear tu propia suerte! ¡Y él sin duda lo hace!

CNBC define a Mickey como un pionero en fibra óptica que estuvo en las trincheras durante el boom de la Internet. Su compañía, Dynamic Holdings, fue la responsable de instalar miles de millas de cables de fibra óptica en todo el país.

Como otras personas "con suerte", Mickey toma decisiones intencionales. En su vida, él interpone sólo condiciones positivas y absolutas que estén bajo su control. Mickey dijo que, cuando las personas dejan de crear resultados planeados y estructurados para su futuro, por defecto, sus vidas quedan sujetas a la casualidad, la antítesis de "crear tu propia suerte". Entre los secretos de suerte de Mickey está la ley de la atracción, según lo plantea una de sus autoras favoritas, Rhonda Byrne, quien escribió *The Secret (El secreto)* y *The Magic (La magia)*.

Las siguientes son seis estrategias que Mickey Redwine recomienda para que *tú* crees tu propia suerte:

1. Mantén una mentalidad positiva afirmando "lo voy a lograr". Aunque fue criado en una casa muy pequeña, Mickey afirma que, desde muy joven, supo que alcanzaría el éxito.

2. Juega según tus propias reglas. Sigue la estrategia de Mickey Redwine: *negocia* contratos en lugar de construirlos.

3. Créate a ti y a tu empresa de tal modo que sean lo que los clientes desean, necesitan y esperan. Luego, supera sus expectativas. Dales un extra, vieja tradición de Luisiana, especialmente en el barrio francés de New Orleans. Significa agradecer de alguna forma a los clientes por sus compras.

4. Haz buenas obras. Devuelve a otros el bien que recibes y hazlo todos los días. Además de vivir el principio de "devolver a otros", Mickey ayuda a quienes tienen necesidades sirviendo como mentor, compartiendo con otros el ánimo y los conocimientos para triunfar en la vida.

5. Concéntrate en recrear una *fortuna* cuando enfrentes la mala fortuna. Todos enfrentamos algo de *mala fortuna* en la vida. Mickey sabe qué es eso. Lo perdió casi todo durante el escándalo de las empresas punto com. Apenas logró evitar la bancarrota e hizo lo que mejor sabe hacer: se levantó de nuevo y rehízo su fortuna. Ahora, si eso no es crear tu propia suerte, ¿entonces qué es?

6. Sé diligente, agradecido, muestra aprecio ¡y *crearás* tu propia suerte! Diseña e implementa circunstancias que sean favorables y que conduzcan a tus propias metas específicas. Cuando lo hayas hecho, estarás destinado a triunfar. Reconoce las oportunidades que hayas generado y aprovéchalas con pasión.

Tres maneras adicionales para hacer que la "suerte" obre a tu favor

1. Corre riesgos. Ya sea que se trate de ser el primero en iniciar una conversación o en reaccionar a una situación que no está funcionando como esperabas, toma el control. ¡Ahí es donde comienzas a crear tu propia suerte!

2. Sé abierto a nuevas experiencias. A veces, una acción casual es lo que te guiará a "crear tu propia suerte". En lugar de sentirte decepcionado porque algo no

salió como esperabas, cambia tu manera de pensar viéndolo como una oportunidad.

3. Pon a girar la rueda del éxito. Corre ese riesgo. ¡Por lo general, así es como comienza la suerte!

Ejercicio: *la próxima vez que algo no salga como esperas, crea tu propia suerte.*

Hábito 15

Son imaginativos

Secreto número 35 para crear tu propio éxito: Hazlo realidad

Sin duda, quienes se han hecho millonarios por sus esfuerzos son personas que "hacen que las cosas sucedan".

¿Cuál te describe a ti? ¿Eres alguien que "quiere hacer las cosas realidad"? ¿Alguien que "quisiera que las cosas fueran realidad"? O ¿Alguien que "hace las cosas realidad"?

Alguien que quiere hacer las cosas realidad

¿Cuándo fue la última vez que tuviste una idea que querías hacer realidad, pero no lo hiciste? Quizás permitiste que aparentes obstáculos se interpusieran en tu camino, o las personas que hacen parte de tu vida dijeron que tu idea de "querer hacerla realidad" era ridícula o te recordaron la última idea que tuviste y que fracasó.

Por desgracia, las personas que *quieren hacer las cosas realidad* quizás no perciben que un ingrediente clave para el éxito es rodearse de personas con la misma actitud. En lugar de avanzar con la idea, las palabras más sutiles de desánimo, inseguridad o los fracasos pasados hacen que las personas con el *deseo de hacer que las cosas se hagan realidad* no avancen cuando su idea podría ser la mejor invención después de la bombilla eléctrica de Thomas Edison. Si hubiesen leído el secreto número 20 (convierte los fracasos en oportunidades), ¡habrían sabido que Edison fracaso treinta y una veces *antes de hacerlo una realidad*!

Cuando recuerdo el comienzo de lo que ahora es mi compañía de consultoría empresarial, que ya tiene 31 años de operación, veo que tuve la fortuna de estar rodeada de otros propietarios de empresas que *hacían las cosas realidad*. Con sus palabras de ánimo y conocimientos, no dudé de mi capacidad de hacer que sucediera. Quizás debí estar más asustada de iniciar una empresa (y con muy poco dinero), pero no fue así. La razón principal fue porque estaba rodeada de propietarios de empresas exitosas. Sus experiencias de pasar por los dolores de crecimiento al iniciar una empresa me dieron la seguridad de *hacer que sucediera*.

Una persona que quisiera que las cosas fueran realidad

Si eres de los que *quisieran que las cosas sucedieran*, quizás pasas más tiempo soñando en hacer algo que, en realidad, identificando *cómo* hacerlo realidad.

En un punto de mi vida, fui de los que *quisieron que las cosas sucedieran*. Lo que cambió para que dejara de *desear que las cosas sucedieran* y pasara a ser una persona que *hace las cosas realidad* fue la siguiente frase: "Si tuvieras 92 años, ¿qué quisieras haber hecho?".

La pregunta me hizo pensar. Vaya... bueno, quería iniciar una empresa. Listo. Estaba en medio de ello. Quería tener suficientes clientes de la costa este para poder sostener una oficina en New York.

No estaba segura de cómo lo haría realidad, así que puse la meta en mi "lista de cosas para hacer antes de morir". Pronto vi que creer en mi capacidad de hacerlo era un segundo ingrediente esencial para *hacerlo una realidad*.

Cinco años después, tras haber creído que podía hacerlo, creando conexiones al máximo e implementando un plan maestro de mercadeo para hacer clientes en la costa este, finalmente tuve suficientes negocios como para abrir una oficina en New York. Había hecho la transición de ser una persona que *quería que las cosas fueran realidad*, a unirme a la liga de quienes *hacen las cosas realidad*.

Sé que algo es muy cierto: ¡Tú también puedes hacerlo! ¡Deja de desear y traza un plan para *hacer que suceda*! (sea lo que quieras).

Una persona que hace las cosas realidad

¿Sabías que un factor importante para las personas que *hacen que las cosas sucedan* es su confianza en sí mismos? Siempre he creído que la peor enfermedad del mundo no es el cáncer, ni el Alzheimer, ni las fallas cardíacas o cualquier otra enfermedad que se mencione con frecuencia. En realidad, creo que la peor enfermedad del mundo es la falta de autoestima.

No tienes que ser el más inteligente del pueblo para hacer que las cosas sucedan. Solo debes creer en ti lo suficiente como para saber que puedes hacerlo.

Al inicio de mis treintas, trabajaba como maestra. Mis hijos acababan de iniciar la escuela y me sentí lista para hacer un cambio saliendo del mundo de la enseñanza y pasando al sector de los negocios. Mi gran reto era que no sabía cómo hacerlo.

Cuando buscaba una respuesta, solía ir a la librería en busca de algún libro relevante que abordara ese tema en particular. En aquella ocasión, encontré el libro titulado *How to Get Anything You Want (Cómo obtener todo lo que deseas)*. Lo compré y me fui a casa con el deseo de hallar una respuesta. Era tan ingenua que lo leí de tapa a tapa, comenzando desde la primera página. Si hubiese sido inteligente, me habría ahorrado mucho tiempo con solo haber leído la primera página.

Permíteme ahorrarte tiempo en la lectura de ese libro y decirte cómo obtener todo lo que deseas en la vida. ¿Estás listo?

Haz lo que sea necesario para hacerlo una realidad (¡un antiguo mantra de las personas que *hacen que las cosas sucedan!*)

Así que, si eres una persona que *quisiera hacer que las cosas sucedan* o alguien que *quisiera que sucediera*, ahora tienes los conocimientos necesarios para convertirte en alguien que *hace que sucedan*.

Tres pasos para convertirte en alguien que hace las cosas realidad

1. Identifica lo que deseas y traza un plan para alcanzarlo. Date un plazo.

2. Rodéate de personas que ya hayan logrado la meta que deseas. Un sistema de apoyo es esencial para darte tanto la seguridad, como los "conocimientos" para que pase.

3. ¡Alístate para *hacerlo una realidad*! Si no conoces a nadie que haya logrado lo que deseas hacer realidad, estoy

segura de que hay un libro sobre el tema. De no ser así, entonces identifica cómo hacerlo y haz que escribir ese libro esté en tu lista de pendientes para el futuro.

Prepárate, alístate, *¡hazlo una realidad!* Para ello, sigue el consejo del millonario Dru Riess: "Debes hacer todo a un lado, las personas que dudan de ti, las que dicen 'esa no es una buena idea'... y simplemente seguir adelante. Insistir hasta lograrlo". Como resultado de iniciar Popular Ink en McKinney, Texas, él se hizo millonario a mitad de sus veintes. En el año 2016, Popular Ink generó ventas por $25 millones. La compañía ahora tiene 51 empleados de tiempo completo. Dru lo hizo realidad. ¡Tú también puedes hacerlo!

Ejercicio: Identifica lo que deseas lograr. Luego escríbelo para hacer realidad tus "deseos". Por último, ¡rodéate de personas que ya lo hayan logrado!

Secreto número 36 para crear tu propio éxito: El cielo es el límite

Las personas de éxito viven dentro de unos límites, sus propios límites. Ellos establecen límites de tiempo. Límites para el manejo del dinero. Límites definiendo metas claras.

La única dimensión en donde las personas de éxito no establecen límites es para desarrollar su potencial al máximo. Ellos expanden su mentalidad yendo más allá de sus experiencias actuales con el fin de crear sus propias posibilidades. Aumentan las probabilidades determinando lo que desean y luego trabajando para alcanzarlo. Estas personas desarrollan y mantienen una manera de pensar donde "el cielo es el límite".

Esto es particularmente cierto ente estadounidenses de primera generación. De hecho, según quora.com, uno de cada tres millonarios en Estados Unidos es primera generación nacida de inmigrantes.[1] El 80% de estas personas que se hicieron millonarios por sus propios esfuerzos tienen arraigadas la confianza y la mentalidad de que el cielo es el límite.

Shama Hyder, la vigésima tercera persona en nuestra lista de millonarios en este libro, alcanzó esta condición a los veintisiete años después de mudarse de India a los Estados Unidos a la edad de nueve. Ella dijo que fue el poder de la mente y pura determinación lo que la ayudó a dar vuelta a una situación desconocida para convertirla en algo cómodo. Su deseo de ser lo mejor que podía en un entorno extranjero le permitió prosperar en una escuela nueva con nuevos amigos y nueva cultura.

Además de la sola determinación, esta triunfadora estuvo abierta a nuevas ideas, nuevas personas y maneras de pensar. Como resultado, Shama adoptó la absoluta confianza de que podía alcanzar todo lo que se propusiera en la mente. Al preguntarle en qué se había visto favorecida por hacerse millonaria, dijo: "me hizo entender que no había nada que no pudiera alcanzar si disponía mi mente para hacerlo. ¡El cielo es el límite!".

Shama dijo que la mentalidad donde el "cielo es el límite" también tuvo un papel importante para el desarrollo de The Marketing Zen Group, su compañía global en línea de mercadeo y relaciones públicas digitales. También es la autora de *The Zen of Social Media Marketing: An Easier Way to Build Credibility, Generate Buzz and Increase Revenue (El mercadeo social zen: una forma más fácil de crear credibilidad, generar ruido y mejorar los ingresos).*

Cinco maneras de adoptar una mentalidad de crecimiento para hacer que el cielo sea tu límite

1. Compra una planta y piensa que ella es el pensamiento que deseas desarrollar.

2. Colócala cerca a la luz, según su sentido de crecimiento. Ponte en una situación similar programando tiempo para estar con personas que estimulen tu crecimiento según lo que ellos hayan logrado y lo que deseas alcanzar.

3. Alimenta la planta todos los días con agua, fertilizante o luz natural. Haz lo mismo con tu mente leyendo acerca de personas de grandes logros que estimulen tu mentalidad de crecimiento.

4. A medida que la planta crezca, trasplántala a una maceta más grande. Haz lo mismo aumentando tus actividades para desarrollar tu potencial de crecimiento.

5. Continúa con esta mentalidad de crecimiento haciendo una actividad cada día para hacer realidad tus pensamientos. Usa el crecimiento de la planta como un medidor de tu propio desarrollo en torno a que "el cielo sea el límite".

Ejercicio: *reconoce que puedes tener todo lo que deseas cuando en tu mente te dispones a hacerlo. Crea una mentalidad en la que "el cielo sea el límite".*

Hábito 16

Innovan

Secreto número 37 para crear tu propio éxito: Reinvéntate

Todos somos cercanos a alguien que se hizo millonario por sus esfuerzos. Pero esas personas suelen pasar tan desapercibidas que sus mismas familias y amigos quizás no alcanzan a notar que gradualmente se han reinventado.

¿Cómo se reinventan? Avanzando cada vez que reconocen una oportunidad que otros pasan por alto. Constantemente se mejoran a sí mismos por lo que leen. Para ellos es importante aprender "qué hacer" y "qué no hacer" y lo hacen de las personas con quienes eligen pasar tiempo.

Este libro no estaría completo sin Jim Abraham, a quien menciono como el vigésimo cuarto millonario. El tío Jim fue el hermano de mi madre. Aunque pocos lo notaron, si es que alguien lo hizo, el tío Jim se reinventó a sí mismo muchas veces con el paso de los años. Comenzó barriendo pisos en un restaurante, luego trabajó en un puesto de palomitas de maíz y sumergiendo tortugas en chocolate en un restaurante que tiempo después compró.

Aunque ya falleció, quiero compartir contigo cómo se reinventó durante más de dos décadas. Estas reinvenciones graduales le permitieron hacerse millonario después de los sesenta años al invertir en bienes raíces.

El tío Jim tenía una gran ética de trabajo. Nació en una familia inmigrante siria que vino a los Estados Unidos en 1914. Recuerdo a mi madre relatar que sus padres eran tan pobres que, en la mañana de navidad, sus regalos eran una naranja y un par de medias.

Cuando el tío Jim tenía siete años, en una ocasión él y dos de sus amigos se encontraban jugando en un callejón cerca de una tienda de dulces. El señor Mischka, el propietario de la tienda, estaba sacando basura al callejón y les preguntó a los tres: "¿a quién de ustedes le gustaría tener trabajo haciendo limpieza para mí algunos días a la semana?". El tío Jim no dudó en responder que quería hacerlo. Aunque lo hizo para ganar dinero, lo que no había visto es que *¡ese fue el comienzo de su viaje de reinvención!* Con el permiso de sus padres, trabajó en la tienda de dulces después de la escuela algunos días a la semana durante nueve años.

Para ayudar a proveer a su familia, el tío Jim abandonó la escuela y le preguntó al señor Mischka si podría trabajar más horas. *¡Reinvención!* El señor Mischka no solo le dio más horas de trabajo, también invirtió en un puesto de palomitas de maíz para ponerlo frente a la tienda de dulces con el nombre del tío Jim pintado en él. ¡Otra reinvención!

Además de pagarle un salario por horas, el señor Mischka le daba al tío Jim el 50% de las utilidades de ventas de maíz. *¡Reinvención!* Dos años después, estalló la segunda guerra mundial. El tío Jim se enlistó en el ejército y se despidió de su familia, amigos, del señor Mischka y de su puesto de palomitas de maíz. *¡Reinvención!*

En 1944 volvió a Amherst, Ohio. Fue a ver al señor Mischka quien le dio la bienvenida con brazos abiertos para que volviera a trabajar en la tienda de dulces. Pero, en esta ocasión, aprendió a administrar el negocio. *¡Reinvención!*

Llegaba temprano para abrir la tienda. También aprendió a hacer fresas cubiertas de chocolate y tortugas de caramelo, así como atender a los clientes. *¡Reinvención!*

Dos años después, el señor Mischka le preguntó al tío Jim si estaría interesado en comprar la tienda de dulces. La idea le emocionó y no podía creer lo "afortunado" que era por tener esa oportunidad. El tío Jim y el señor Mischka hicieron un acuerdo monetario que era favorable para los dos.

Una temporada de festividades hubo tantas solicitudes de envíos de dulces fuera de la ciudad que, al finalizar, el tío Jim se dio cuenta de que había establecido un negocio de órdenes por correspondencia para sus dulces. *¡Reinvención!* Había generado $20.000 dólares en 1948 (el equivalente a $206.000 dólares para los estándares de hoy).

Un amigo del tío Jim, que era abogado, le dijo: "Jimmy, si quieres ser rico, invierte en una porción de tierra". Poco después ese mismo año, tomó $20.000 dólares de su negocio de dulces y compró varios acres de tierra de cultivo. *¡Reinvención!* Continuó haciendo inversiones en tierras cada varios años hasta que dejaron de conocerlo por ser el propietario de Mischka's. ¡Era un hombre con muchos bienes raíces!

Décadas después, el tío Jim, quien seguramente en este punto ya te es familiar, fue contactado por una compañía de desarrollo comercial. Ofrecieron comprar parte de sus tierras para desarrollar un centro comercial. Él no les vendió la tierra. En lugar de ello, la rentó y siguió siendo el propietario. *¡Reinvención!*

Tres maneras de reinventarte:

1. Escribe lo que has logrado hasta la fecha por haber avanzado o por haberte reinventado. Quizás haya sido un cambio de ubicación, obtener un título, un nuevo empleo, conocer personas a quienes consideras mentores y más.

2. Escribe tus metas a cinco, diez y quince años. Frente a ellas, escribe cómo necesitas reinventarte para alcanzarlas.

3. Cada vez que alcances un nuevo hito de reinvención, felicítate. Tu mentalidad positiva te mantendrá avanzando.

Ejercicio: según las habilidades que has desarrollado, ¿qué puedes hacer para reinventarte a fin de lograr tu estatus de millonario por tus propios esfuerzos?

Secreto número 38 para crear tu propio éxito: Acepta el cambio

Henry Ford sabía lo que decía cuando dijo: "si siempre haces lo que siempre has hecho, siempre obtendrás lo que siempre has obtenido".

Quienes se han hecho millonarios mediante esfuerzo son muy buenos enfrentando el cambio. De hecho, muchos de ellos prosperan con el cambio. En lugar de cuestionar una situación cambiante, identifican qué la causó y avanzan creando una posible solución. Enfrentan el cambio de una manera muy diferente a como lo hacen las personas que se estancan haciendo un esfuerzo para deshacer lo que no pueden cambiar.

Joe Palko, el vigésimo quinto millonario entrevistado para este libro, se hizo millonario a la edad de veinticinco años. En el año 2000, él y su socio de negocios, Scott Sanfilippo, fundaron The Ferret Store, una compañía de venta electrónica minorista de suministros para mascotas. Seis años después, eran los distribuidores líderes de suministros para mascotas en los Estados Unidos. En el año 2006, The Ferret Store fue vendida a Drs. Foster and Smith.

Joe afirma que el aceptar el cambio es un componente importante para su éxito. Aunque su empresa fue rentable en el año 2000, vieron que los márgenes después de seis años habían comenzado a disminuir. Reconocieron que la diferencia se debía a que tenían competidores en internet con acceso a los mismos productos que ellos tenían. Joe y Scott también percibieron que sus competidores estaban dispuestos a vender artículos al mismo precio o menor con el fin de aumentar su participación del mercado.

En ese punto, estos dos emprendedores abrazaron el cambio y desarrollaron su propio alimento para mascotas y sus propios accesorios. Sus marcas eran más exclusivas y de mayor calidad que todo lo que se pudiera comprar en una tienda de mascotas. Joe dijo que, si no hubiesen aceptado el cambio que vieron en el horizonte, sus ventas habrían seguido disminuyendo. Por fortuna, su comida para mascotas fue un gran éxito.

En cualquier industria, incluyendo la de mascotas, los clientes suelen ser leales a las marcas. Establecer una marca de comida de calidad garantizó órdenes recurrentes durante la vida de la mascota y a veces durante la vida del cliente.

Tres formas de aceptar el cambio

1. Cuando enfrentes el cambio en tu vida profesional, pregúntate qué beneficios encontrarás. Al concentrarte en lo positivo, el factor miedo disminuirá.

2. Programa tiempo para conversar acerca del cambio con personas que se sientan cómodas reaccionando al cambio. Una sesión de ideas suele disipar las inseguridades ante una nueva manera de hacer las cosas.

3. Piensa en la última vez que enfrentaste un cambio y no tuviste otra elección más que aceptarlo. Escribe los beneficios que surgieron a raíz de ello. Este ejercicio te animará a tener una mentalidad positiva para cambios que enfrentarás en el futuro.

Ejercicio: la próxima vez que enfrentes el cambio, acéptalo.

Hábito 17

Se respetan a sí mismos

Secreto número 39 para crear tu propio éxito:
Sé respetuoso

Las personas que se han hecho millonarias por sus méritos valoran mucho el respeto. Es un reflejo de su carácter. Como todos los demás, estas personas exitosas obtienen el respeto de los demás de una sola manera: ganándoselo.

Gary M., un prominente abogado y el duodécimo sexto millonario entrevistado para este libro, explicó que muestra respeto hacia los demás haciendo amigos con todas las personas con quienes interactúa en la vida. Su sincero interés por las personas se nota en las once maneras de respeto que extiende hacia los demás. Esto no tiene nada de extraordinario. Lo he presenciado yo misma.

1. Si dice que va a hacer algo, puedes contar con que lo hará. (Secreto 8: Cumple tu palabra).

2. Es honesto. (Secreto 9: Sé una persona de integridad).

3. Cuando le piden algo, en mi experiencia he visto que le da un gran valor al tiempo de los demás y también a su propio tiempo. (Secreto 11: sé puntual).

4. Escucha. Esta puede ser una de las razones por

las cuáles las personas se acercan a él. (Secreto 22 Escucha).

5. Está en la primera fila cuando se trata de hacer favores a otros. (Secreto 24: devuelve a otro).

6. Se ejercita con frecuencia, lo cual demuestra respeto por su aspecto físico. (Secreto 25: ejercítate por salud)

7. Respeta su mente programando tiempo para meditar. (Secreto 26: Toma tiempo para pensar).

8. Siempre ve lo bueno en las personas porque es optimista por naturaleza. (secreto 29: Mantente positivo).

9. Habiendo alcanzado su estatus de millonario, no se ve a sí mismo como mejor que otros. (Secreto 40: Sé humilde).

10. Aprecia hasta los favores más mínimos, en especial porque él suele ser el que da y no el que recibe. (Secreto 41: Sé agradecido).

11. Ayuda a quienes tienen necesidad. (Secreto 43: Retribuye).

Quizás estés pensando: "yo tengo esos 11 atributos, pero no soy millonario". ¡Felicitaciones! Al comienzo de este libro te dije que puedes estar más cerca de lo que crees de alcanzar el estatus de millonario por tus méritos. Es cuestión de mantener la mirada en el cuadro completo a medida que realizas los demás secretos del libro que siguen en tu lista de "pendientes".

Cinco maneras de mostrar respeto hacia los demás

1. Haz que sea una prioridad ocuparte de lo que otros te pidan. Puedes hacerlo no prometiendo mucho y entregando más de lo esperado.

2. Ten más interés de aprender de los demás y no procures hablar de ti mismo.

3. Después de escuchar lo que alguien tenga para decir, haz eco de lo que has escuchado antes de expresar tus comentarios.

4. Siempre que alguien se tome más de quince minutos para hacer algo por ti, envíale una nota de agradecimiento. Tú eliges el estilo de la nota (una electrónica, una carta o una nota escrita a mano).

5. Trata a todos con un alto nivel de cortesía. Tu respeto hacia los demás reflejará el respeto que tienes por ti mismo.

Ejercicio: trata a los demás con respeto para mostrar tu buen carácter.

Secreto número 40 para crear tu propio éxito: Sé humilde

Una de las muchas nociones preconcebidas que tenía de las personas que se hicieron millonarias por sus esfuerzos, es que su éxito se les había subido a la cabeza. ¡Vaya que estaba equivocada! Al menos, ese no fue el caso con los treinta millonarios que hacen parte de este libro.

Aunque su capital neto ha cambiado, el valor de la mayoría de estos millonarios, no. Ellos tienen una virtud que suele ser pasada por alto y sin duda poco valorada: su humildad.

Quizás el modesto comienzo de muchas de estas personas es una de las razones por las cuales no son tan notorias en cuanto a su estatus a pesar de su capital de siete cifras. Como muchos de nosotros, ellos han invertido muchas horas de trabajo para alcanzar el éxito. Algunos de ellos siguen trabajando, aunque "ya lo lograron".

Ahora que han alcanzado esa posición de éxito, ellos se han demostrado a sí mismos que pueden lograrlo. Con todo, un gran porcentaje de estas personas no desean ostentar su éxito o ser tratados de una manera más especial que los demás. De hecho, muchos de estos millonarios prefieren mezclarse con todo el mundo. Esto se ve reflejado en su manera de vivir, los vehículos que algunos de ellos conducen y su modesta manera de vestir. Ellos eligen vivir por debajo de sus capacidades económicas, como leerás en el secreto número 44 para crear tu propio éxito.

Warren Buffett es un gran ejemplo. Aunque la lista de los millonarios más adinerados de *Fortune* 2017 lo clasificó como la segunda persona más rica sobre la tierra, Warren elije vivir en una casa de Omaha, Nebraska, que compró en 1958 avaluada en $31.500 dólares. Su condición financiera ha cambiado, pero, como muchos millonarios hechos a pulso, su elección de comodidades sigue siendo la misma.

Además de llevar un estilo de vida modesto en comparación con su capital neto, estas personas seguras de sí mismas también prefieren permanecer por fuera del radar en otras maneras. Muchos de ellos son oyentes del mundo y prefieren concentrarse más en los demás que fanfarronear de sus propios logros, a menos que así se les pida. Ellos prosperan ayudando a otros a triunfar.

¿Y cómo es en tu caso? ¿Por qué no examinas tu cociente de humildad tomando la siguiente prueba de humildad de cuatro puntos?:

1. Te concentras en los demás más que en ti mismo.

2. Te involucras en conversaciones como un oyente

activo, haciendo preguntas en lugar de compartir información de ti mismo.

3. Dejas que tus valores te lleven por el camino correcto en lugar de seguir los que podrían ser tus intereses.

4. Disfrutas dar incluso más que recibir.

¿Cómo te fue? Si respondiste *sí* a las preguntas anteriores, entonces has dominado este secreto. De no ser así, la práctica hace al maestro.

Cuatro maneras de mantenerte humilde

1. Ya sea que hayas avanzado bastante para alcanzar tu condición de millonario por tus méritos o que todavía estés iniciando el recorrido, recuerda tus raíces. Esto evitará que tu éxito en progreso o quizás tu "éxito" alcanzado infle tu ego.

2. Concéntrate en los demás. Haz más preguntas acerca de otros en lugar de hablar de ti mismo. Además de dar a los demás un medio para expresarse, puedes tener una agradable sorpresa de lo mucho que aprenderás.

3. Ayuda a quienes tienen necesidad. Además de hacer del mundo un mejor lugar, apreciarás mucho más lo que tienes.

4. Cuando haces parte de un proyecto de equipo, no enfatices tu papel en el mismo. En lugar de ello, destaca los aportes de los demás. Tu modestia te llevará lejos.

Ejercicio: concéntrate en los demás.

Hábito 18

Aprecian a los demás

Secreto número 41 para crear tu propio éxito: Sé agradecido

Además de encontrar tu pasión, aceptar el cambio, mantener una fuerte ética de trabajo y los otros 48 secretos para crear tu propio éxito, otra práctica importante para alcanzar el estatus de millonario por tus propios esfuerzos es ser agradecido. Me sorprendió lo importante que es este secreto entre las personas que entrevisté para este libro.

En su libro *The 7 Core Skills of Everyday Happiness (Las 7 habilidades elementales para la felicidad cotidiana)*, el autor Scott Wilhite dice que ser agradecido y mostrar felicidad son las mejores habilidades básicas que puedes tener en la vida. Sus diez palabras favoritas son "no se puede ser agradecido e infeliz al mismo tiempo".[1]

Los estudios han demostrado que, además de ser felices, las personas que expresan gratitud también son personas positivas. Ellos se concentran en lo que tienen y no en lo que les hace falta. Muestran aprecio por los demás hasta por el más insignificante favor. Esta es la verdadera definición de ser agradecido.

Quienes muestran aprecio tienen pasión por la vida. Comienzan su día con una actitud de gratitud. Aunque es fácil dar por sentada una buena vida, muchos de los millonarios entrevistados para este libro afirmaron que, para ellos, es muy importante tener presente aquellas cosas por las que deben estar agradecidos.

Esta actitud de gratitud se pone en práctica a lo largo del día dando gracias a un miembro del equipo por un trabajo bien hecho, expresando aprecio a un cliente por su compra, mostrando comprensión ante una queja, haciendo un cumplido y agradeciendo a un familiar por no usar el celular durante la cena. Al hacer énfasis en lo positivo por medio de estos actos de gratitud, el entorno de estas personas se hace un lugar más agradable para vivir y trabajar. Además, quienes se benefician de estos reconocimientos se sienten apreciados.

Ser agradecido contrasta con desperdiciar energía en lo que nos falta en la vida. Las personas de éxito hacen énfasis en lo que tienen y que está funcionando. No se permiten tener resentimientos cuando surgen situaciones negativas. En lugar de ello, estos triunfadores se condicionan a interpretar las situaciones negativas como un llamado de alerta y aprenden de ellas. En otras palabras, mantienen una actitud positiva incluso cuando las cosas no salen como lo esperan.

Una percepción errada de los millonarios hechos mediante esfuerzo es que son personas materialistas. Aunque sin duda se han ganado el derecho de vivir una vida de lujos, lo que muchos no ven desde "afuera" es la vida de abundancia que ellos extienden a otros. Sus riquezas espirituales surgen de su aprecio y gratitud por lo que tienen y que el dinero no puede comprar (como su familia y buena salud), así como la gratificación que reciben por poder dar a otros.

No importa cómo se muestre la gratitud, esta termina convirtiéndose en una forma de vida abundante para quien da según el aprecio sincero que se expresa a los demás. Hay una ley espiritual que dice: "aquello en lo que te concentras tiende a crecer". Cuando te concentras en ser agradecido por lo que tienes, tiendes a crecer en aquello por lo que sientes gratitud. Esta ley de la naturaleza se llama la Ley de la abundancia.

Otro rasgo que va de la mano con estas personas positivas es la mentalidad del vaso "completamente lleno" en lugar de pensar que su vaso está "medio lleno". Aunque la mayoría de las personas no pueden ver lo bueno en situaciones negativas, los millonarios hechos con esfuerzo se han condicionado a ver las cosas de esa manera. Se enseñan a ser agradecidos incluso por las adversidades, porque las ven como lecciones de aprendizaje. Esto también es el diferenciador entre las personas que tienen éxito obteniendo lo que desean en la vida y las que sucumben ante el fracaso en lugar de verlo como una experiencia aleccionadora.

¿Cómo calificarías tu actitud de "gratitud" incluso en las situaciones más desagradables? Por ejemplo, ¿cuál fue tu reacción la última vez que fuiste multado por conducir excediendo el límite de velocidad? ¡Metí la pata!

Con el riesgo de sonar muy ingenua, quiero contarte mi actitud de gratitud la última vez que me multaron por eso. Hace unos veinte años estaba conduciendo por una autopista mientras escuchaba música en una de mis estaciones de radio favoritas. Aunque no tengo excusa, sin darme cuenta, iba quince millas por encima del límite de velocidad. Minutos después, percibí a un auto de policía con sus luces de emergencia encendidas detrás de mí. Comprendí el mensaje y me detuve a un lado de la carretera.

Cuando el oficial de policía salió de su auto y se acercó, me preguntó si me había percatado que estaba excediendo el límite de velocidad. Le dije que no me había dado cuenta y le agradecí por detenerme. No fue un gracias sarcástico. No fue un gracias pensando en "voy a hablar amigablemente para evitarme una multa". Mi "agradecimiento" fue genuino. Estaba molesta conmigo misma por exceder el límite, aunque estaba agradecida con el policía por haberme detenido. Él estaba haciendo su trabajo. Aunque fue una costosa lección para ser más consciente de los cambios de límites de velocidad en una autopista, mi actitud fue de aprecio con el oficial por garantizar la seguridad a la hora de conducir.

Quienes practican la gratitud por lo que han recibido en sus vidas atraen cosas buenas hacia ellos. Y no me refiero a multas de tránsito. Hablo de mayor consciencia al apreciar "lo positivo" en los eventos buenos y malos de la vida.

Cuando ella y su esposo alcanzaron el estatus de millonarios por su propio esfuerzo, Bunny Lightsey, la vigésima séptima millonaria entrevistada para este libro, dijo: "me hizo entender lo mucho que Dios me ha bendecido".

Tres formas de practicar la gratitud

1. Inicia un diario de gratitud. Escribe lo que tienes en tu vida por lo que estás agradecido. Incluye personas y cosas.

2. Haz reconocimientos verbales a las personas que hacen parte de tu vida y que escribiste en tu diario. Escribe una nota a mano a quienes hayan impactado tu vida durante el día. Ellos apreciarán tus palabras.

3. La caridad comienza por casa y en tu lugar de trabajo. Es fácil dar por sentado a las personas más cercanas. Sé

agradecido todos los días con tus colegas y familiares. Haz que ellos sepan lo mucho que aprecias el apoyo emocional, intelectual, espiritual y físico que te dan.

Ejercicio: documenta cada día tres cosas por las que estés agradecido.

Secreto número 42 para crear tu propio éxito: Dale gran valor a tu vida personal

Los millonarios que entrevisté daban gran valor a sus vidas personales. Muchos de ellos dijeron que sus familias eran lo que los impulsaba a trabajar con esfuerzo para alcanzar el éxito.

Algunos de ellos surgieron de condiciones muy humildes. Quizás por eso uno de sus factores motivadores más fuertes era darles a sus familias una mejor vida que la que tuvieron en su niñez.

Para crear empresas exitosas (o ascender en posiciones si estaban en el sector privado) estos millonarios y sus familias hicieron muchos sacrificios. A menudo, los proveedores para sus familias trabajaban de sesenta a cien horas a la semana para hacer lo que fuera necesario a fin de triunfar. Como resultado, sus cónyuges e hijos pasaron mucho tiempo sin ese miembro de la familia.

Tuve el placer de conversar con cada una de estas treinta personas personalmente, por teléfono o por correo electrónico. A menudo, las visitas personales o llamadas telefónicas no fueron posibles la primera vez, y vi que no estaba compitiendo con su viaje a la Riviera, sino que el impedimento eran los compromisos que habían hecho para estar con sus familias. ¡Algo alentador! Las siguientes son algunas de sus respuestas:

"Me disculpo, pero los niños y yo estamos decorando nuestro garaje para una gran fiesta navideña que tendremos este fin de semana. Espero poder hablar contigo pronto".

"Llevaré a mis hijos a Chicago el viernes y no estaré disponible para conversar. ¿Puedes la próxima semana, ya sea martes 3 de octubre o miércoles 4?".

No importa cuál sea su capital neto, es claro que su vida personal es más importante. Su "tiempo personal y de familia" es la divisa definitiva de su felicidad. Steve S., el vigésimo octavo millonario en este libro, dijo que a lo largo de su carrera fue consistente en proveer para su familia sin comprometer sus valores personales.

Ahora que Steve S. y los otros veintinueve millonarios lo "lograron", su enfoque ha pasado a ser un estilo de vida equilibrado en lugar de ser esclavos de hacer dinero. Aunque no han perdido el impulso y siguen activos en sus negocios, (a menos que estén jubilados), su libertad financiera les da la comodidad para disfrutar lo que el dinero no puede comprar: tiempo en familia. Ellos reconocen que dedicar tiempo de calidad a sus familias ayuda a crear recuerdos y tradiciones que perdurarán en generaciones futuras.

Así es como algunas de estas personas describieron el beneficio de su éxito al tener un capital de siete cifras:

"El éxito me permite dar de mi tiempo y dinero a un mayor nivel, comenzando con mi familia". En los primeros años de Phillips Home Improvement, no tomé vacaciones. Gracias a mi éxito, he podido proveer para mi familia, poner en mi horario tiempo en familia muy significativo y crear memoras perdurables. ¡No puedes darle precio a eso!", Jason Phillips.

"Ahora tengo suficiente para enriquecer a mi familia. Suficiente para jugar. Suficiente para hospedar y alimentar

amigos, familiares y al viajero ocasional que pueda llegar",
Bruce Schindler.

"Ahora tengo equilibrio en la vida, me siento pleno, amado
y apreciado; puedo cuidar de mi familia y aun así tengo
suficiente como para ayudar a otros", Steve Humble.

"Puedo cuidar de mi familia y ayudar a quienes tienen
necesidad", Bunny Lightsey.

"Mi meta y logro más importante es ser el padre que he
sido para mis cuatro hijos y, en segundo lugar, el amigo que
he sido para mi círculo cercano de amigos", Mickey Redwine.

"Tengo más tiempo para pasar con mi familia y las personas
más cercanas a quienes amo", Jeb López.

Tres maneras de dar alta prioridad a tu tiempo en familia

1. Al comienzo de cada semana, programa tiempo
   en familia. No dejes que nada se interponga en ese
   valioso tiempo.

2. Cuando estén juntos, haz que tu familia sepa que tienen
   toda tu atención. Evita revisar correos electrónicos de
   trabajo y mensajes de texto, y no recibas llamadas
   telefónicas. Si te sientes tentado, actualiza tu mensaje
   diciendo que no estarás disponible el resto de la tarde
   o durante el fin de semana debido a que estarás
   pasando tiempo con tu familia. ¡Eso impactará a tus
   clientes!

3. Reconoce que tus acciones serán un reflejo de lo que
   tus hijos harán contigo cuando sean adultos. Dales
   tu tiempo sin interrupciones para que puedas esperar
   también recibirlo de ellos cuando ya sean grandes.

Ejercicio: mantén en regla tus prioridades recordando a las personas que te apoyan en tu vida personal.

Hábito 19

Son filántropos o retribuyen

Secreto número 43 para crear tu propio éxito: Retribuye

Cómo retribuir. ¿Cuándo fue la última vez que lo hiciste?

Contrario a las nociones que percibe la persona promedio, la mayoría de los millonarios hechos a pulso creen firmemente en la retribución. De hecho, encontré que estas personas tienen un claro ímpetu por devolver.

¿Por qué lo hacen?

No importa cómo hayan alcanzado su estatus, ellos retribuyen por muchas razones. Algunos dan porque padecieron necesidades y recuerdan que otros estuvieron prestos a ayudarles. Otros lo hacen porque alguna vez tuvieron necesidad, pero no tuvieron a nadie cuando necesitaban apoyo emocional y/o financiero. Otros retribuyen porque recorrieron el camino menos transitado en el proceso de "lograrlo" y no tuvieron un precedente en cuanto a cómo alcanzar el éxito. Cualquiera sea la razón, estos buenos samaritanos dan porque prosperan al hacer una diferencia en las vidas de otros.

¿Cuándo comenzaron a dar?

Algunos se vieron atraídos a dar estando en el proceso de alcanzar el éxito. Otros se concentraron en dar después de haber logrado ese hito. Otros hicieron ambas cosas. Devolvieron a medida que se fueron haciendo millonarios y luego aumentaron su generosidad después de haber ganado su primer millón.

¿Cómo retribuyen?

Los millonarios entrevistados para este libro lo hacen de diferentes maneras. Algunos dan de su tiempo y experiencia de manera voluntaria. Otros se hacen miembros adjuntos de equipos de profesores en sus universidades o instituciones de educación locales. Una persona devuelve sirviendo como mentora a mujeres y ayudando a los enfermos y desvalidos. Otro dona su tiempo en prisiones, preparando a personas para que comiencen sus propias empresas una vez alcancen la libertad. Una de las treinta personas entrevistadas dona a las artes en su comunidad. Algunos dan apoyo financiero a otros donando a las organizaciones de su elección.

Antes de que hagas fila para recibir algo de estas personas, reconoce que no existen los almuerzos gratis ni el dinero fácil. Estos millonarios son dadores inteligentes que dan a personas y organizaciones con las que se pueden identificar. Ellos retribuyen dándoles a quienes quieren triunfar. Ellos les enseñan a pescar en lugar de darles el pescado, como leerás en el secreto 52 (has recibido la caña, ahora ve a pescar).

Aunque convertirse en millonario nunca fue la meta de Bill Dunn, el vigésimo noveno millonario en este libro, él dijo que una de sus mayores satisfacciones de lograr este estatus es poder dar grandes cantidades de dinero a personas y obras sociales que nunca tuvieron las oportunidades y el apoyo que él tuvo a lo largo de los años.

Personalmente, me gusta retribuir. Me encanta dar a las personas las herramientas necesarias para lograr sus metas definidas. Mi forma de hacerlo es ayudando a las personas a creer en sí mismas, darles la confianza necesaria y esencial para crear su propio éxito. Mi manera de devolver es escribiendo este libro para ayudarte en tu proceso de hacerte millonario.

Permíteme hacerte esta pregunta una vez más: ¿Qué estás haciendo en la actualidad para retribuir? ¿Das a otros de tu tiempo, tu experiencia o dinero? Recuerda: debes dar para recibir. Se llama la ley de la circulación.

No tienes que ser un millonario para comenzar a devolver. Pero, como ves, uno de los 52 secretos para crear tu propio estatus de millonario es retribuyendo. Como Rodger DeRose, el decimotercero millonario entrevistado para este libro afirma, "deja huella en la vida". Si no puedes dejar huella de tus pisadas, por lo menos deja huella de tus dedos".

Tres formas de comenzar a retribuir

1. Escribe los logros que has alcanzado en tu vida hasta la fecha. Evalúa cómo lo has hecho.

2. Está disponible para las personas que puedan beneficiarse de los pasos que seguiste para llegar a donde estás hoy. Reconoce también que una buena manera de retribuir es prestar un oído para escuchar.

3. Reconoce que es esencial dar de lo que recibes. Si quieres que otras personas estén disponibles para ti, retribuye a otros que puedan beneficiarse de lo que aprendiste en la escuela de la vida.

Ejercicio: *adopta un método proactivo de "retribución".*
Además de hacer la diferencia en la vida de otra persona,
tendrás la agradable sorpresa de lo gratificante que es.

Hábito 20

Son buenos mayordomos del dinero

Secreto número 44 para crear tu propio éxito: Vive por debajo de tus medios

Las personas eligen vivir de una de las siguientes tres maneras: por encima de sus medios, dentro de sus medios o por debajo de sus medios. ¿Cuál te describe a ti?

Si vives *por encima de tus medios*, haces compras usando tarjetas de crédito que quizás no podrás pagar por completo cuando llegue la factura. Si vives por encima de tus medios, es probable que no puedas tener una cuenta de ahorros de emergencia o una cuenta de inversión para tu futuro financiero.

Si vives *dentro de tus medios*, haces compras usando efectivo o tarjeta de crédito. Pagas tu hipoteca y otras facturas en la fecha límite y tienes un fondo de emergencia. Quizás tengas dinero extra para comenzar una cuenta de ahorros e invertir en tu futuro financiero.

Si vives *por debajo de tus medios*, haces pagos mensuales adicionales de tu hipoteca, préstamos de estudios y otros compromisos financieros. Al vivir por debajo de tus medios, también tienes ingresos disponibles para un fondo de emergencia y cuenta de ahorro. Te queda dinero disponible para invertir.

Si no lo has deducido todavía, quienes se hicieron millonarios por sus propios medios viven por debajo de sus capacidades. No tratan de mantenerse a la altura de sus vecinos. En lugar de ello, comienzan con el final en mente: la libertad financiera. Solo después de evaluar sus responsabilidades financieras, presupuestan los fondos adicionales para ingresos expandibles como cosas materiales y entretenimiento. Eligen la *libertad financiera* por encima de comprar ese Ferrari que está en la esquina del patio de ventas de autos.

Andy Hidalgo, el trigésimo millonario en este libro, alcanzó esta posición a la edad de 46 años. Andy conoce el valor de vivir por debajo de sus posibilidades. Dijo: "vivir por debajo de tus medios es una cualidad que desarrollas en la juventud y se relaciona específicamente con la educación que recibes en cuanto al dinero (si tienes esa suerte) o con cómo ves a otros trabajar en relación con lo que ganan".

Algunas lecciones de vida se aprenden mejor de primera mano. Andy experimentó la importancia de "vivir por debajo de sus medios" en su niñez cuando su madre se quedó sin empleo y tuvieron serios problemas financieros. Incluso siendo niño, decidió que, cuando fuera adulto, no quería estar en una condición similar. Tomó medidas preventivas para evitar que eso le sucediera aprendiendo a ser responsable con sus finanzas.

Andy lo hizo administrando lo que ganaba en lugar de crear el hábito de gastarlo. También se concentró en gastar menos por prevención ante gastos inesperados.

Para Andy, vivir por debajo de sus posibilidades significó comprar únicamente lo que su familia disfrutaría o que fuera una necesidad para él. Mientras él y su esposa criaban sus cuatro hijos, tuvieron tiempos en los que la familia quería algo que quizás no era una prioridad para Andy. Un ejemplo específico fue una casa en la playa. Su criterio para hacer esa compra fue primero asegurarse de que era asequible en relación con su capital neto.

Como muchos millonarios hechos con esfuerzo, las lecciones de gastos de Andy en la vida se basan en comprar según la necesidad y ahorrar el resto para su familia y futuras generaciones. Vivir por debajo de sus medios se ha convertido en una elección de por vida para Andy en relación con su manera de administrar el dinero.

Cuatro ventajas de vivir por debajo de tus posibilidades

1. Tendrás más ingresos que puedes gastar para pagar más rápido tus deudas.
2. Podrás crear ahorros de emergencia.
3. Podrás ahorrar una porción de tus ingresos para invertir.
4. Alcanzarás la libertad financiera más rápido.

Ejercicio: evalúa tus hábitos de compra. Si no vives por debajo de tus posibilidades, identifica los gastos innecesarios que puedes eliminar.

Secreto número 45 para crear tu propio éxito: Crea un mapa de ruta financiero

La mayoría de las personas interpretan la planificación financiera como un ejercicio de preparación para la jubilación. Sin embargo, la planeación financiera es un ejercicio esencial para todos, y debería comenzar justo cuando ese primer dólar llega a las manos de una persona.

Muchos, incluida yo, no recibimos un curso sobre manejo del dinero. En parte, siguiendo los consejos financieros de nuestros padres y aprendiendo de manera proactiva por medio de artículos en internet respecto a conocimientos financieras, muchos de nosotros tuvimos que aprender a administrar el dinero en la escuela de la vida. De hecho, para muchos es más fácil ganar dinero que administrarlo.

Al comenzar a escribir esta sección, me sentí incómoda al pensar en tener que llenar una hoja de cálculo financiero. Vi por qué ese ejercicio me había desagradado por años. Me sentía encerrada y sospechaba cuál sería el resultado: que me encanta gastar dinero.

Después de leer *Financially SECURE Forever (Seguridad financiera para siempre)* de Charles Hamowy, supe de un nuevo campo de estudio llamado *neuroeconomía*, que es el estudio de cómo las personas toman decisiones económicas.[1] Tuve mucha mayor claridad en cuanto a mis propios hábitos de gastos y factores que influían en mis decisiones de compra. Al igual que quienes trabajan con neuromarketing, comencé a identificar por qué compro como compro. Eso también me ayudó a anticipar los desafíos, en este caso, mis hábitos de compra.

Para crear tu mapa de ruta financiero, el primer paso es tener claro cuánto gastas en relación con lo que ganas. El resultado final será que te felicitarás a ti mismo por gastar menos de lo que ganas o que recordarás gastos innecesarios. Cualquiera sea el caso, la meta final será que cuentes con el 10% de tus ganancias para ahorrar e invertir.

Suena como una gran tarea, pero sigue conmigo un poco más. Puedo decirte de primera mano que no es un proceso tan doloroso como parece.

Diferentes tipos de presupuestos

Crear un presupuesto para ti es una decisión personal. Debería funcionar según tu personalidad y estilo de gastos.

Si eres orientado a los detalles, como mi hija, que maneja muy bien sus finanzas, puedes crear una hoja de cálculo en Excel, enumerar tus gastos por categoría y luego escribir todo lo que compras. Si esa es demasiada información para ti (como lo es para mí), quizás prefieras crear un presupuesto general basándote en lo esencial: tus necesidades, seguidas de tus deseos de gastos adicionales.

Luego, usa el dinero dentro de tus "lineamientos de necesidades", dejando para el final o posponiendo tus deseos.

Un tercer tipo de presupuesto es identificar tu flujo de caja y luego adaptar tus gastos según la cantidad que tienes disponible para ese mes. ¡No te bases en supuestos o posibles gastos!

Sin importar el tipo de presupuesto que elijas, asegúrate de seleccionar uno que funcione para ti.

Cómo usar herramientas de presupuesto

Tus herramientas de presupuesto pueden ser tan sofisticadas como una hoja de cálculo en Excel o una aplicación en el celular como Mint. Quizás prefieras mantener las cosas simples, escribiendo tu efectivo disponible y tus gastos en una libreta.

Algunas personas también usan sobres como herramientas de presupuesto. Designan cierta cantidad de dinero para poner en cada sobre, para salir a comer y otras actividades de entretenimiento y luego gastan según lo que tienen disponible en el sobre.

Hacer un presupuesto no tiene que ser complicado. Es tan solo un medio para tener buen manejo financiero.

Esto sin dejar de decir que tu mayor meta es *ganar más de lo que gastas*. Si ves que has estado haciendo lo opuesto, gastando más de lo que ganas, un gran comienzo es hacer un mapa de tus hábitos actuales de gastos. De hecho, eres bienvenido a acompañarme para hacer que Dreu Riess, el vigésimo segundo millonario entrevistado para este libro, sea tu gurú.

Después que Dru alcanzó el estatus de millonario hacia el final de sus veintes, él y su esposa no se enloquecieron como muchos que han alcanzado esta posición y han terminado por perderlo todo al gastar demasiado.

En lugar de ello, Dru y su esposa decidieron vivir muy por debajo de sus posibilidades.

Así es como Dru lo explicó: si miras mis resultados financieros, me hice millonario antes de cumplir treinta años, pero cuando cumplí treinta, tenía millones en efectivo en mis cuentas bancarias personales además de los activos en mi hoja de balance. Tomé todo el dinero y lo puse en una "bóveda". No lo miro y no lo toco. Lo puse con una firma financiera y les dije que volvería por ello en veinticinco años (cuando tenga 55). Para ese momento, será tanto dinero que mis hijos no podrán acabarlo. Hasta entonces, mi esposa y yo trabajamos y vivimos del sueldo que ganamos. ¡Aunque son sueldos grandes!

No sé tú, pero eso me impresiona bastante.

Cuatro estrategias de planeación financiera

1. Analiza tu presupuesto. Mira dónde tienes espacio para mejorar. Si tu hoja de cálculo completa muestra que estás gastando más de lo que ganas, reevalúa tus hábitos de compras. Al hacerlo, reconoce tu relación con el dinero. ¿Qué porcentaje de tus gastos se basa en las necesidades versus tus deseos? Toma las medidas necesarias para recortar tus "deseos de gastos".

2. Haz énfasis en gastar de manera intencional. Como lo compartí en el secreto 47 (planea con antelación tus compras), esta acción sola te ayudará a evitar hacer compras impulsivas. En lugar de ello harás un mapa de tus compras.

3. Crea un plan financiero a corto y a largo plazo.

   - **Corto plazo:** quizás quieras ahorrar para un pago inicial de una casa o un condominio. O quizás quieras ahorrar suficiente dinero para que, cuando necesites (no desees) un nuevo auto, puedas comprarlo de contado.

   - **Largo plazo:** tu intención es jubilarte en X (número de) años. Identifica el estilo de vida que te ves disfrutando y la cantidad de ingresos anuales que necesitarás para vivir. Luego, según el valor que te comprometerás a ahorrar y a invertir entre este momento y el número de años que mencionaste, mira si lo que vas a ahorrar a partir de ahora será suficiente para tener la vida que deseas. Hay muchas calculadoras de jubilación disponibles en internet.

4. Invierte para tu futuro. Además de hacer un gran trabajo planeando para su futuro financiero, John Pierce, el decimocuarto millonario en este libro, ha

pasado más de veinticinco años en la arena de las inversiones. Él recomienda organizar un plan 401(k) y aportar a ese plan el 10% anual. Luego explica cómo esta contribución antes de impuestos tiene un efecto mínimo sobre el dinero que llevas a casa. Asegura que cualquiera que aporte el 10% a un plan 401(k) comenzando en sus veintes, podrá jubilarse siendo millonario.

John también aconseja una mezcla 70/30 de bonos de acciones usando fondos reliquidados negociados en bolsa siguiendo el consejo de un ser humano en lugar de un algoritmo, y hacer una asignación de activos más conservadora. John también compartió que las personas que no tienen un plan 401(k) deberían hacer aportes a una Cuenta de Jubilación Individual (IRA por su sigla en inglés).

Él dijo que comenzó a invertir desde el día que obtuvo un empleo. Comenzó con una tasa de contribución del 10% en todas las acciones. Luego llegó a maximizarla (por lo general aumenta cada año en $18.000). Este experto inversionista recomienda crear inversiones en todas las acciones. La razón es porque no importa si estás invirtiendo durante treinta o cuarenta años: Ganarás del 5 al 8% y te jubilarás siendo millonario.

El último consejo de John para invertir en tu futuro es buscar en internet "la regla de siete" para entender el poder de la composición. La premisa es que tu dinero invertido se duplicará cada siete años y con esa magia (no es magia, solo matemáticas) te puedes hacer millonario.

A medida que avances en la lectura de este libro, en los comentarios de los millonarios verás que en realidad no se trata de dinero. Pero admitámoslo: así como el dinero les dio a estas treinta personas la libertad financiera, si trazas un mapa financiero y vives dentro de los límites de ese mapa, también tendrás mucho más poder económico y mucho menos estrés.

Controla lo que gastas y no dejes que los gastos te controlen a ti. Sobre todo, reconoce que "el dinero es tu amigo" si lo tratas con respeto.

Ejercicio: toma el control de tu futuro creando tu mapa de ruta financiero.

Hábito 21

Tienen el control de su destino financiero

Secreto número 46 para crear tu propio éxito:
Págate a ti primero

¿Has escuchado el "sagaz" consejo de pagarte primero a ti?

Si eres como la mayoría, no has atendido a ese consejo. Por ejemplo, el 26% de los estadounidenses ni siquiera tienen una cuenta de ahorros de emergencia, y mucho menos siguen la práctica de "pagarse a sí mismos primero".[1]

Quizás te preguntes cómo puedes pensar en pagarte primero a ti si no tienes una cuenta de ahorros para esos gastos inesperados.

Quiero sugerirte algunas maneras de comenzar a pagarte a ti primero y crear un fondo de emergencia.

Cómo crear un fondo de emergencia

Comienza con evaluar tus gastos fijos actuales. Revisa tu uso de datos del celular para ver qué puedes ahorrar cada mes disminuyendo lo que no usas. Pregúntale a tu compañía aseguradora qué ahorros puedes obtener si aumentas tu deducible. Si tienes deudas con tarjetas de crédito, habla con tu banco para acordar una consolidación de cartera. Además de sentirte menos abrumado al recibir solo una factura de tarjeta de crédito al mes, quizás también puedas pagar con una tasa más baja de intereses, con lo cual podrás pagar tu deuda más rápido.

Revisa cuáles son los gastos mensuales "de tu elección". Eso incluye salir a comer, entretenimiento y regalos. Reduce tus gastos empacando tu almuerzo, comiendo en casa con más frecuencia y comprando regalos de cumpleaños cuando los veas en lugar de esperar a última hora y pagar más.

Reevalúa dónde vives. Si en la actualidad pagas la renta por un apartamento de dos habitaciones con una gran vista, considera mudarte a un apartamento de una habitación y sin una gran vista. Lograrás hacer grandes ahorros, creando así un fondo de emergencia y comenzando a pagarte a ti primero mucho más pronto.

¿Estás pagando un auto? Considera venderlo y comprar uno con el efectivo que obtengas tras saldar la deuda. Quizás tengas que tragarte el orgullo, pero sonreirás cuando veas que puedes crear un fondo de emergencia con esos $200 o $400 dólares adicionales al mes en lugar de gastarlo en algo que se deprecia, como en el caso de un auto.

Cuando obtengas un aumento de salario, haz que ese aumento vaya directamente a tu fondo de emergencia. Ya sea que puedas hacer un recorte de $30 o de $500 dólares en gastos mensuales fijos y discrecionales, ahorra todo lo que puedas, sin importar la cantidad.

Establece como meta tener ahorrado para determinada fecha el equivalente a de tres a seis meses de tus costos de vida.

Quizás tome un tiempo ahorrarlo, pero no te preocupes, vas en la dirección correcta porque has creado un plan maestro.

Comienza a "pagarte a ti primero"

En lugar de esperar a tener organizado tu fondo de emergencia, comienza a planear tu futuro financiero con el siguiente sueldo. La manera más fácil de hacerlo es acordar con tu servicio de nómina que cierto porcentaje de tus ingresos netos vayan directamente a una cuenta de ahorros con generación de intereses.

La mayoría de los planeadores financieros recomiendan que te pagues el 10% de tus ingresos netos. Por ejemplo, digamos que tu ingreso mensual neto es de $2.400 dólares y recibes dos pagos mensuales. Puede que tu servicio de nómina deposite $120 dólares por pago (o $240 al mes) en tu cuenta de "pago prioritario". Solo considera esto: en un año, tendrás ahorrados $2.880. Si inviertes esa cantidad anual, sin incluir aumentos de salarios que recibas, estarás creando un semillero para alcanzar la libertad financiera.

También sentirás que tienes el control de tu vida al haber trazado un mapa para tu futuro financiero.

Ejercicio: comienza a pagarte a ti primero ahora.

Secreto número 47 para crear tu propio éxito: Planea con antelación tus compras

Si entre los secretos de este libro tuviera que seleccionar uno que la mayoría de las personas no han aprendido, sería este. Para muchos, comprar es algo terapéutico, y esto contribuye a compras impulsivas. ¡Yo soy de esas personas!

Si leíste la introducción, entonces observaste que *todavía* no me he hecho millonaria. Todavía me faltan cinco secretos y el secreto número 47 es sin duda uno de ellos.

Pensar antes de hacer pequeñas compras no estaba en los primeros lugares de mi lista. Por esa única razón, planear mis compras con anticipación se ha convertido en un nuevo hábito que integré diligentemente a mi forma de vida cuando comencé a escribir este libro en el verano de 2017. Debo admitir que ahora, antes de visitar mis sitios favoritos de compras en línea, me recuerdo a mí misma que apenas estoy "buscando". También debo dejar de ver infomerciales reconociendo que soy una presa fácil de esos astutos discursos de venta.

Ahora, cuando voy al supermercado, entro armada con una lista exacta de lo que necesito comprar. Si hay algo que deseo, lo pongo en la lista para la siguiente visita, a fin de planear con anticipación y condicionarme a hacer compras planeadas.

Los resultados positivos son excelentes incentivos. Solo escucha esto: el primer mes que me propuse planear las compras, la factura de mi tarjeta de crédito disminuyó el 25%. (Estoy hablando de $40 dólares por acá, unos $50 por allá y ¡que no me daba cuenta de que iba sumando!) Ese fue un incentivo muy bueno para seguir ese curso. Tomé el dinero que habría gastado por compras no planeadas y lo transferí de mi cuenta de gastos a una cuenta de ahorros especiales.

¿Por qué nadie introdujo este secreto del éxito en mi cerebro décadas atrás? Quizás alguien lo hizo, pero no escuché. ¡Qué lástima!

¡Otro secreto que debo dominar!

¿Te identificas con esto? Si las compras impulsivas secretamente han ido socavando tu capacidad de conservar el dinero que has ganado con mucho esfuerzo, entonces continúa leyendo.

Cinco maneras de derrotar tus gastos impulsivos

1. No salgas de casa ni entres a una tienda en línea sin tener una lista. Se trata de hacer una lista. Al trazar un mapa de lo que necesitas frente a lo que quieres comprar, harás un manejo mucho más eficiente del tiempo y de los costos.

2. Después de hacer tu lista, revísala dos veces. Hazlo para asegurarte de que de verdad necesitas lo que está en la lista. ¿Con qué frecuencia has comprado pasta dental, esa caja de arroz o crema facial solo para darte cuenta de que al fondo de tu alacena ya tenías lo que necesitabas? Si has comprado cosas que ya tienes, vuelve a leer el secreto número 15 para crear tu propio éxito (vuélvete minimalista).

3. Supervisa lo que has ahorrado. Al final de cada mes, compara lo que ahorraste durante los últimos tres meses. Luego, haz buen uso del dinero extra creando una cuenta especial de ahorro. Te sorprenderá cuándo efectivo adicional tendrás después de un año.

4. Recompénsate por resistirte al impulso de gastar. Al final de cada mes, calcula lo que has ahorrado rindiéndote cuentas a ti mismo con una lista. Si tienes síntomas de abstinencia por tus gastos compulsivos del pasado, prémiate con una tarjeta de regalo por el 10 o 20% del valor ahorrado. Al practicar esta

estrategia de modificación del comportamiento, tendrás lo mejor de ambos mundos. También tendrás una mayor inclinación a hacer que tu nuevo "sistema de compras planeadas" sea parte cotidiana de tu estilo de vida.

5. Reconoce que quizás disfrutas más la cacería que la misma captura. Al tener dominio sobre tus gastos compulsivos, también podrás ver que comprar cosas en realidad no consistía en necesidades. Hacer compras no planeadas puede haber sido una especie de terapia para ti. Solo piensa en la reducción de estrés que tendrás al tener facturas más bajas al final de cada mes.

> ***Ejercicio:*** *si no está en la lista, resístete al impulso de comprarlo.*

Hábito 22

Tienen el control de su destino financiero

Secreto número 48 para crear tu propio éxito: Crea múltiples fuentes de ingresos

Una de las más grandes diferencias entre las masas y las personas que se han hecho millonarias por sus propios esfuerzos, o quienes están en ese proceso, es la cantidad de fuentes de ingresos que tienen.

Quienes se han hecho millonarios crean múltiples fuentes de ingresos un paso a la vez. Como tenemos una limitada cantidad de horas al día, hasta las personas más exitosas de hoy tienen una fuente de ingresos *activos* y al menos dos fuentes de ingresos *pasivos*.

Lo que la mayoría no entiende es que estas personas hicieron algo muy diferente a la mayoría. Ellos trabajaron duro para crear múltiples fuentes de ingresos, ¡y tú también puedes hacerlo!

Por ejemplo, más de la mitad de todas las familias de los Estados Unidos son propietarias de acciones, desde los trabajadores que automáticamente fueron inscritos en sus cuentas de jubilación 401(k), hasta los accionistas independientes que trabajan en sus cuentas personales.[1]

Estudios tras estudios han demostrado que el mejor ingreso pasivo para crear riqueza es invertir en acciones que pagan dividendos. Considera otras fuentes:

- Los aportes compensados por empleadores es dinero gratis.

- Crear una segunda fuente de ingresos solo requiere convencimiento, esfuerzo y un poco, si es el caso, de dinero en efectivo.

- Todos tenemos un libro dentro de nosotros, y las editoriales de impresión por demanda están creciendo.

Un artículo de julio 14 de 2017 sobre invertir en bankrate. com cita los hallazgos del servicio de renta interna de los Estados Unidos (IRS), donde observaron que los ingresos pasivos suelen venir de dos fuentes: ingresos de rentas o una empresa de la que la persona ya no hace parte, pero que le representa beneficios. Dos ejemplos específicos mencionados son regalías por libros y acciones que pagan dividendos.[2]

Si estás leyendo este libro, te pido que tomes en serio el secreto número 48. Si das curso a lo que te llevará a crear múltiples fuentes de ingresos que con el tiempo funcionarán para ti y te darán libertad financiera, eso cambiará tu vida.

Durante los primeros 35 años de mi vida, solo tuve una fuente de ingresos. La segunda, tercera, cuarta y quinta fuentes se crearon en un comienzo como herramientas de mercadeo para la empresa de consultoría que inicié (secreto 37: Reinvéntate) con un presupuesto muy limitado.

Aunque no tenía dinero para mercadeo, sí tenía audacia (algo muy bueno siendo descendiente de libaneses y sirios). Visualicé (secreto 4: visualiza) una columna de periódico titulada "Modales en los negocios" que fuera publicada en periódicos de grandes ciudades.

Créeme: eso no se dio de manera espontánea. Durante nueve meses insistí y persistí con un periódico de la firma Gannet, casi rogándoles (Secreto 33: Pregunta hasta que obtengas un sí por respuesta) que eligieran mi columna.

Después de obtener un sí, decidí contactar a otros veinte periódicos. Durante dos años (secreto 21: Persevera), otras tres publicaciones escogieron mi columna. Aunque el pago era mínimo, me emocionó haber encontrado una manera de generar tres fuentes adicionales de ingresos al escribir una columna y verla publicada en cuatro publicaciones semanales.

Las columnas semanales estaban generando negocios a nivel local en las ciudades donde circulaban los periódicos. Sin embargo, yo quería tener alcance en todo el país (secreto 36: El cielo es el límite). Investigué cuáles eran las revistas de negocios con audiencia internacional. Comenzaba con una llamada telefónica (así se hacía en los noventas), luego hacía un seguimiento enviando una carta de presentación y tres muestras de columnas en el formato de la revista y después hacia una o dos llamadas de seguimiento. Treinta rechazos después, una revista de circulación nacional eligió mi columna. Esta fuente de ingresos le dio a mi firma exposición internacional y me introdujo a la vida de una guerrera del camino.

Además de ser un medio que ayudó a mi empresa a prosperar, estas columnas de periódicos y revistas abrieron puertas para fuentes adicionales de ingresos. Dos años antes, había visualizado escribir un libro y, sí, era una meta que había puesto por escrito (secreto 6: Establece metas significativas). Pero no la reconocí cuando la tuve en mis manos. Scott Adams, quien entonces era el editor y propietario de Adams Media, había leído un artículo de periódico acerca de nuestra firma en *USA Today* y me llamó para preguntar si quería enviarles una propuesta de libro.

¡Una nueva fuente de ingresos! Un anticipo para escribir un libro y las posteriores regalías significaban otra fuente de ingresos. Jamás pensé que mi primer libro me llevaría a escribir ocho más durante un periodo de ocho años.

Las fuentes de ingresos hacen más que solo generar efectivo. Crean oportunidades para otras diversas fuentes de ingresos. Todo ello me permitió comprar un edificio y una segunda casa en otro estado.

Sin embargo, había algo mal en todo esto. Yo seguía trabajando mucho en lugar de trabajar con inteligencia. A la edad de 42 años, ignoraba cuál era la manera más importante de planear mi futuro financiero: una cuenta de jubilación. Por fortuna, logré establecer una cuenta de jubilación y maximicé la cantidad anual que se podía introducir al fondo.

Pero, como muchos, tenía miedo de crear mi fortuna invirtiendo en el mercado de acciones. Me aterraba perder el dinero que había ganado con tanto esfuerzo. Así que, haciendo caso omiso de mi contador y mi asesor de inversiones, puse mi dinero en certificados de depósito para más de veinte años, aunque en mi lógica sabía que éstos ni siquiera se mantenían al mismo ritmo de la inflación. Mi ignorancia financiera y el temor de perder lo que había ganado fue lo que movió mis decisiones.

Pero, hace cinco años, vi la luz y comencé a invertir en el mercado de acciones. El saldo de mi portafolio es la muestra de cómo el poder de la composición crea riquezas.

La razón por la cual comparto contigo mi vulnerabilidad es para que aprendas de lo que hice mal. Espero que veas cómo puedes crear fácilmente múltiples fuentes de ingresos comenzando un negocio de servicios independientes con mucho trabajo y un poco efectivo. También espero que veas cómo las inversiones correctas en bienes raíces pueden ser una excelente fuente de ingresos.

Espero que aprendas de mi ignorancia y comiences a deducir lo que más puedas de tu siguiente pago de nómina y los que vienen. Por último, espero que comiences a invertir sabiamente tu dinero en acciones que paguen dividendos, y que permitan multiplicar el dinero que has ganado con tanto esfuerzo.

Ocho ideas para poner efectivo en tu bolsillo

1. Si se te dificulta generar fuentes de ingresos, piensa en pequeñas maneras de comenzar poniendo dinero en tus bolsillos para invertir. Sigue el consejo de Sam Walton, el fundador de Walmart: "piensa en grande y actúa en grande".[3]

2. Comienza mirando algún fruto que esté a la mano. Por ejemplo, si tu compañía tiene un plan de compensación de 401(k), asegúrate de estar aportando para obtener al menos su máxima compensación.

3. Maximiza las oportunidades de devolución de efectivo y otras opciones para poner dinero en tu bolsillo. La mayoría de las empresas tienen alianzas con otras. Por ejemplo, mi proveedor de servicio de telefonía celular paga mi membresía anual de AAA.

4. Aprovecha los sitios de internet de devolución de efectivo por compras en línea. Visita sitios antes de hacer tus compras regulares para así recibir un porcentaje de devolución.

5. Inscribe tu casa en Airbnb.

6. Evalúa tus bienes materiales y vende lo que ya no quieres o no necesitas.

7. Inscríbete como conductor de Uber, Lyft, Sidecar u otro servicio de transporte en tu área.

8. Obtén tu licencia de vendedor de bienes raíces y alinéate con promotores de éxito para ofrecer por ellos casas los fines de semana.

Ejercicio: ¡comienza!

Hábito 23

Monetizan su experiencia

Secreto número 49 para crear tu propio éxito: Crea una empresa

Thomas Edison lo hizo. Andrew Carnegie lo hizo. Mark Zuckerberg lo hizo, al igual que Jeff Bezos. Todos estos emprendedores comenzaron sus empresas desde cero.

- Según investfourmore.com, el 75% de los millonarios son empleados independientes, aunque solo el 20% de la fuerza laboral la constituyen empleados independientes.[1]

- El 65% por ciento de los millonarios por sus propios méritos elegidos al azar para ser parte de este libro comenzaron su propia empresa.

- El 6% de las personas adquirieron una empresa ya establecida.

- El 13% trabajó en posiciones gerenciales/asociadas de alto nivel en industrias de servicios profesionales.

- El 1% de las personas entrevistadas para este libro estaba en las artes.

- El 90% (veintisiete personas) que crearon empresas desde cero, lo hicieron según una de las tres siguientes maneras:

1. Vieron la necesidad de un producto o servicio.

2. Crearon su empresa en torno a una habilidad comercializable que tenían.

3. Tenía una pasión que deseaban compartir con el mundo.

Quiero darte unos ejemplos de la empresa que inició uno de los millonarios mencionados en este libro.

Identifica una necesidad

El doctor Zachary Berk, OD, cofundador de HappCo, comenzó esta empresa porque reconoció que los empleados felices conforman equipos más productivos. El servicio de HappCo incluye un programa de total atención, el cual aumenta la concentración de los empleados, la colaboración, la compasión, la felicidad y el compromiso. Este emprendedor en serie ha fundado más de veinte compañías de servicios médicos durante las últimas tres décadas.

Monetiza una habilidad ya existente

CNBC describe a Jason Phillips como el "Rey del color". Aunque se tardó más de una década en determinar el mejor modelo de negocio para comenzar su propia compañía de pintura y reparaciones, en 1997 Jason comenzó Phillips Home Improvement. En 2017, él y sus 53 empleados generaron $11 millones de dólares.

Sarian Bouma comenzó un servicio de limpieza comercial y creó un equipo de doscientos empleados. Su decisión de iniciar Capitol Hill Building Maintenance en 1987 fue el resultado de los elogios que había recibido de clientes en sus trabajos de limpieza como empleada independiente.

Haz de tu pasión un negocio

Para Bruce Schindler, la talla estaba en sus genes. A su abuelo le encantaba tallar plata y madera. Su padre, un alemán perfeccionista implacable, era fabricante de gabinetes. Entre su ADN y su mudanza a Skagway, Alaska, Bruce quedó fascinado con los mamuts de 35.000 años. Como resultado, Bruce desarrolló una pasión por tallar marfil fosilizado y fundó Schindler Carvings en 1995.

Aunque es emocionante comenzar una empresa, reconoce que una fuerte ética laboral y una actitud positiva, junto con los otros 49 secretos descritos en este libro, son esenciales para hacer crecer tu pequeña empresa. Si quieres un desafío, ¡ve y hazlo!

Cinco pasos para iniciar una empresa

1. Haz tu tarea. Explora empresas en el país que están prestando el servicio o producto que estás considerando ofrecer. Pregúntales a los propietarios de esas empresas si puedes trabajar a su lado gratis, para aprender lo que necesitas saber para lanzar tu empresa. (Mira el secreto 27: Rodéate de personas a las que quieras imitar).

2. Reúnete con un contador, abogado y un diseñador web que se especialicen en pequeñas empresas. Tu contador te ayudará a decidir si debes organizar la empresa como una sociedad, una sociedad limitada o una corporación S o C. Esta persona presentará la

documentación necesaria y también hará la solicitud para el Número de Identificación de Empleador (EIN) que equivale a un número de seguro social para tu empresa. Tu abogado presentará la documentación necesaria para el nombre de tu empresa, su licencia, si es necesario, y otros aspectos legales de la operación. Estas personas son importantes para tender la cimentación de tu empresa.

3. Sé realista y reconoce que tienes que invertir para ganar. Reconoce que tendrás costos directos para iniciar una empresa. Si no tienes capital aparte para financiar tu empresa, considera comenzarla trabajando tiempo parcial en las noches y los fines de semana mientras desempeñas tu trabajo de tiempo completo. Hagas lo que hagas, minimiza las deudas que adquieras.

4. Trabaja con contratistas independientes. Cuando comiences tu empresa, trabaja con contratistas independientes en una base "por demanda". A medida que crezca tu empresa, contrata empleados de tiempo parcial. Cuando los ingresos lo justifiquen, contrata empleados de tiempo completo. Estas medidas de contratación te ayudarán a minimizar los sobrecostos, un factor esencial para mantener al mínimo tus deudas.

5. Sigue la metodología de compra "justo a tiempo". Mantén el inventario al mínimo. Invierte en los productos y servicios necesarios a medida que recibas las órdenes. Las corporaciones de éxito siguen esta práctica. Tú también deberías hacerlos.

Ejercicio: investiga y planea con antelación tu empresa antes de lanzarla al mercado.

Hábito 24

Piensan a largo plazo

Secreto número 50 para crear tu propio éxito:
Pospón la gratificación a corto plazo

Los atributos esenciales que diferencian a la persona que vive para hoy de los millonarios hechos mediante esfuerzo son sus hábitos de compra, la manera en la que satisfacen sus deseos y necesidades, y cómo viven sus vidas cotidianas planeando para los deseos y necesidades del futuro.

Las personas que prosperan mediante satisfacción inmediata suelen basar sus decisiones de compra según sus *deseos emocionales*. Quienes posponen la gratificación inmediata son personas que piensan con el cuadro completo en mente y hacen decisiones de compra basándose en sus necesidades. Ellos dilatan los *deseos emocionales* con el fin de lograr más rápido sus metas a largo plazo.

Por desgracia, la mayoría de las personas no han aprendido esta habilidad. Quizás, quienes han conocido este secreto no prestaron atención si se les habló de la importancia de posponer sus deseos a corto plazo y darles más atención a sus necesidades inmediatas. ¿Cuál te describe a ti?

Si eres de los que piensan a corto plazo, gastas gran parte de tu sueldo en tus deseos más que en tus necesidades. Eso incluye gastar más del 90% de tus ingresos en:

- Pagar el auto que siempre quisiste.

- Rentar un apartamento donde siempre quisiste vivir.

- Salir a comer y ordenar comida varias veces a la semana.

- Ejercitarte en el gimnasio más exclusivo en lugar de hacerlo en un centro de recreación local.

- Viajes trimestrales para desestresarse.

- Visitar tu página de internet favorita a manera de terapia para comprar el traje que te levantará el ánimo.

Suena muy bien, ¿verdad? Sin duda que sí, al menos a corto plazo.

Pero, en el lado opuesto del espectro, si eres de los que pospone la gratificación inmediata mirando el cuadro completo, las siguientes situaciones te describen bien:

- Te habría gustado ese nuevo auto deportivo, pero en lugar de comprarlo, aceptaste con gusto el que tu abuelo había conducido durante años antes de dártelo.

- Preferirías tener tu propio sitio para vivir después de la graduación, pero volviste a la casa de tus padres y ahorrarás dinero para el pago inicial de tu primera casa o condominio.

- Decidiste compartir un apartamento con otras tres personas para ahorrar el 75% de la renta que habrías pagado en los nuevos apartamentos construidos en la ciudad.

- Planeas unas vacaciones al año en lugar de sucumbir en las escapadas impulsivas que planean tus amigos.

- Combinas empacar tu almuerzo tres días a la semana con salir a comer con tus compañeros de trabajo los otros días para no dejar de socializar con ellos.

- Haces la cena en casa más a menudo en lugar de salir a comer o usar sitios web para ordenar comida.

- Vas de "compras" a tu armario para combinar lo que ya tienes cuando quieres usar algo nuevo.

Si eres del primer tipo de personas, estás viviendo en el ahora. Pero, si el segundo conjunto de acciones te describe, pospones la gratificación a corto plazo por el beneficio a largo plazo. Adivina... ¡Tienes el control de tu vida y tus finanzas!

De hecho, tienes uno de los secretos más importantes para el éxito: *¡Pospones la gratificación a corto plazo!* Ya sea que lo sepas o no, has tendido el cimiento para hacerte millonario por tus propios esfuerzos.

Esta necesidad de enseñar el impacto entre vivir en el ahora o vivir para construir tu futuro se hizo muy evidente para mí hace tres años mientras presentaba un programa de entrenamiento "esmero para crear utilidades". Era para un grupo de personas que habían estado desarrollando sus profesiones por un año. Ellos fueron seleccionados para el entrenamiento porque sus jefes los consideraban líderes en potencia.

Pero, durante los primeros treinta minutos del entrenamiento, vi que estas personas necesitaban más que un adiestramiento profesional para ascender por la resbalosa escalera del éxito en su organización. También necesitaban algunos consejos para alcanzar su *propio* éxito personal.

Permíteme darte el escenario específico:

Le pregunté a los participantes qué metas habían alcanzado desde que comenzaron a trabajar a tiempo completo. Uno de ellos dijo que había comprado un auto nuevo, otra dijo que estaba viviendo en una parte de la ciudad donde siempre había soñado vivir.

El tercero, que parecía ser la persona más callada y sabelotodo en la sala, levantó su mano.

"Para mí es muy importante ahorrar $1.000 dólares al mes de lo que recibo de mi sueldo".

Cuando le pregunté cómo lo hacía con un salario inicial similar al de sus colegas, dijo:

Mi meta es ser millonario. Una vez leí que, para hacerlo, debo posponer mis deseos inmediatos para alcanzar los futuros. Así que, aunque me veo tentado a hacer otra cosa, almuerzo con mis amigos una vez a la semana y empaco emparedados los otros cuatro días. Hago café en casa en lugar de comprarlo. Sirvo como voluntario en un refugio para perros como parte de mis actividades extracurriculares. Tengo un ropero elemental para el trabajo, planeo lo que necesito y pido esas cosas para mis cumpleaños y las festividades de fin de año.

¡Hablando de algo impresionante! Para mí, él iba rumbo a hacerse millonario.

Pero era un visionario. Su intención era ser millonario. Tenía una meta documentada de ahorrar $1.000 al mes (esto no es un error, ¡$1.000 al mes!) y la estaba poniendo en práctica.

Hacía a un lado sus necesidades inmediatas para concentrarse en una meta a largo plazo empacando su almuerzo y haciendo café en lugar de hacer una parada rumbo al trabajo para comprar esa taza de $5 dólares.

Lo viera así o no, incluso estaba devolviendo a otros al servir como voluntario en el refugio de perros.

Los otros presentes, incluyendo su jefe, quedaron asombrados ante sus hábitos. ¡Y yo también! De hecho, sus palabras fueron un punto clave para motivarme a escribir este libro.

Además de recibir preparación para el éxito profesional, vi que nuestros futuros líderes de negocios, nuestra generación de Millennials, también merece que les demos los secretos para alcanzar el éxito personal. En otras palabras, deberíamos enseñarles cómo pueden obtener todo lo que desean en sus vidas personales aprendiendo lo que las personas que se han hecho millonarias hacen y que la mayoría no hace.

Entonces, podemos ver que la gratificación a corto plazo sirve a tus necesidades emocionales inmediatas. Pero cuando des un paso atrás para ver en el largo plazo a dónde te puede llevar una decisión a corto plazo, quizás lo consideres más detenidamente.

Evita sucumbir en la gratificación inmediata y en el pensamiento cortoplacista. En lugar de ello, forma el hábito de trabajar para alcanzar tus metas a largo plazo.

Las personas que se han esforzado para hacerse millonarias piensan a largo plazo. Definen lo que desean lograr al mirar el cuadro completo.

Tres formas de posponer la gratificación a corto plazo

1. Evalúa tus hábitos de compra actuales. Escribe las últimas tres compras que hiciste. ¿Estaban basadas en satisfacer tus deseos de gratificación inmediata o necesidades específicas?

2. Identifica el valor que tus últimas tres compras de gratificación instantánea tienen sobre tu vida presente. ¿Añaden valor a tu vida o fueron una forma de terapia instantánea para aliviar tu estrés por exceso de trabajo?

3. Comprométete a posponer futuras gratificaciones a corto plazo. Piensa antes de comprometerte a hacer una compra. Pregúntate si la compra te llevará un paso más cerca de alcanzar tus metas personales a largo plazo.

Ejercicio: al hacer compras, evalúa el valor que tendrán para alcanzar tus metas a largo plazo.

Hábito 25

Disfrutan el viaje tanto como el destino

Secreto número 51 para crear tu propio éxito: Reconoce que no se trata del dinero

Mi padrino, el tío Phil, fue el propietario de una pequeña tienda esquinera desde los años cuarenta hasta los sesentas. En los años cuarenta, no existían las tarjetas de crédito, así que, cuando sus clientes compraban comestibles, pagaban con efectivo al tío Phil.

En lugar de depositar dinero en el banco, mi madre me decía que el tío Phil mantenía su dinero en cajas de depósito de seguridad, es decir, en su casa, eso es todo. Escondía el dinero en cajas de café bajo el lavaplatos de la cocina, en el refrigerador, bajo el colchón, en el ático, casi en cualquier parte que te puedas imaginar. ¡El cielo de un ladrón si lo hubiese sabido!

Aunque yo solo tenía doce años, nunca olvidaré la cena de Acción de gracias que el tío Phil compartió con nosotros. Estábamos sentados alrededor de la mesa, disfrutando del postre mientras mis padres y el tío Phil recordaban los "viejos buenos tiempos". Todos sabíamos que sus días estaban contados. Tiempo antes, el tío Phil había sido diagnosticado de cáncer terminal.

Mi madre preguntó: "Phil, si pudieras volver a vivir, ¿qué habrías hecho diferente?". Nunca olvidaré sus palabras: "Olvidé divertirme".

Admitámoslo: el dinero compra una vida de comodidades y lujos. Sin duda, da las oportunidades de vivir la vida a plenitud. Pero, ¿es suficiente?

Como verás en los siguientes comentarios, hay ciertas cosas que el dinero no puede comprar. De la boca de nueve de los millonarios mencionados en este libro:

"No le des demasiada importancia a tu éxito financiero. No vale la pena sacrificar la salud y la felicidad de tu familia, amigos y también de ti mismo a cambio de cualquier cantidad de dinero", Bruce Schindler.

"No te preocupes por la 'parte de 'millonario'. Si sacas esa idea de tu mente y te concentras en crear y hacer, llegarás más rápido. Hagas lo que hagas, nunca dejes que se trate solo del dinero, porque fracasarás o no serás feliz", Brian Wong.

"No pienses en el dinero, la felicidad es lo más importante. Encuentra una profesión que fomente el crecimiento mientras provee estímulo intelectual. De esa manera, si no ganas dinero, aun así tendrás un sentido de logro y éxito. Hay muchos millonarios infelices allá afuera", Bill Dunn.

"No te concentres en los millones o los números. Concéntrate en cómo puedes añadir valor usando tus dones y fortalezas específicos. Esa es la clave", Shama Hyder.

"No te concentres en el dinero. Concéntrate en hacer un trabajo increíble y en disfrutar tu vida mientras lo haces", Steve Humble.

"No te concentres en el dinero. Haz lo que te encanta hacer. Cuando lo hagas, no trates de aferrarte a ello con todo tu ser. Cuida de los que necesitan cuidado", Bunny Lightsey.

"Sé paciente contigo mismo. Roma no se construyó en un día, y tu éxito tampoco lo alcanzarás en una noche. Tómate tu tiempo. Asegúrate de tener una vida espiritual sólida, y toma tiempo para atender tu vida espiritual y emocional. Éstas son más importantes de lo que crees. Trata de ser una buena persona", Gary M.

"El dinero no compra amor ni felicidad, solo complica las cosas a largo plazo", Joe Palko.

"Nunca hagas que el dinero sea la única fuente de motivación", Jon M.

Ejercicio: escribe lo que tienes en este momento que no se puede comprar con dinero. Escribe también lo que te gustaría tener que no se pueda comprar con dinero.

Secreto número 52 para crear tu propio éxito: Has recibido la caña, ahora ve a pescar

Si has llegado a esta página, entonces es muy probable que hayas terminado de leer *Millonario en una sola generación: 52 maneras de crear tu propio éxito.*

Has recibido los secretos para hacerte millonario. Ahora es tu turno de ponerlos en práctica. Comienza con este método de cinco pasos.

El método de cinco pasos para alcanzar tu estatus de millonario

1. Ve a las páginas finales y escribe cada uno de los 52 secretos que ya has logrado para crear tu propio éxito.

Por ejemplo, si tienes una rutina regular de ejercicios, entonces date crédito escribiendo el secreto 25 para crear tu propio éxito: Ejercítate por salud. O, si eres incansable cuando comienzas un proyecto y sabes lo que hay que hacer hasta terminarlo, entonces también date crédito por el secreto número 21 para crear tu propio éxito: Persevera.

2. Ahora escribe los secretos que tienes por dominar en la página 221. Por ejemplo, si uno de los secretos que te falta por lograr es el secreto número 10 para crear tu propio éxito: Sé un maestro en el uso del tiempo, y lo sabes porque sueles llegar tarde, entonces escribe ese secreto en la lista de secretos por dominar. O, si compras algo sin planear cuando sales de compras, entonces escribe el secreto número 47 para crear tu propio éxito: Planea con antelación tus compras.

3. Luego prioriza los secretos sobre los que vas a trabajar haciéndolos parte de tu estilo diario. Trabaja en ganar dominio sobre un secreto de éxito y disfruta el proceso.

4. Frente a cada uno, escribe lo que vas a hacer diferente a lo que haces en la actualidad. Por ejemplo, si llegas tarde, escribe "tomaré nota de la hora a la que debo salir en lugar de la hora a la que debo llegar a determinado lugar". Si eres un comprador impulsivo cuando vas a la tienda, navegas en tu sitio favorito de compras en línea o vas al centro comercial, entonces comprométete contigo mismo escribiendo "compraré solo lo que está en mi lista".

5. Sorpréndete haciendo las cosas bien. Siempre que te sorprendas modificando un comportamiento,

felicítate al reconocerlo por escrito. Por ejemplo, si estás trabajando en el secreto número 10 para crear tu propio éxito (Sé un maestro en el uso del tiempo) y llegas a tu destino a la hora acordada (o antes), date crédito escribiendo esto: "al poner por escrito la hora a la que debía salir en lugar de la hora a la que debía llegar a mi destino, estoy aprendiendo a ser un maestro en el uso del tiempo".

Ejercicio: designa una fecha de inicio en la que comenzarás a integrar los secretos que te falta dominar en tu vida. Da una fecha final que sea realista y en la que puedas tener la seguridad de que los secretos que te falta dominar ya serán parte regular de tu estilo de vida.

Epílogo:

Gracias por tomar tiempo de tu ocupado horario para terminar este libro. Espero que te haya inspirado a evaluar tus expectativas con respecto a lo que puedes alcanzar.

Espero enterarme del impacto que este libro ha tenido en ayudarte a alcanzar el estatus de millonario por tus propios esfuerzos. Por favor, recuerda que, como dice Confucio, "un viaje de mil millas comienza con un paso". Estoy segura de que ya tienes dominio sobre varios de los 52 secretos y que tienes una meta a la vista.

Escribir este libro ha sido un verdadero ejercicio. Aunque la intención era que tú, el lector, descubrieras los 52 secretos para crear tu propio éxito, debo decirte que también me ha acercado más a la meta de hacerme millonaria.

A medida que escribía cada sección, hacía seguimiento a los secretos que hacían parte de mi actual manera de ser. También di una segunda mirada a los cinco secretos que me falta dominar. Éstos son:

- **Secreto 14**: **Aprende algo nuevo cada día**. Ahora insisto en escuchar una charla TED u otro programa en audio cuando estoy ejercitándome en la caminadora o conduciendo.

- **Secreto 25: Ejercítate por salud.** Me he comprometido a hacer ejercicio por mi cuenta y/o con un entrenador durante treinta minutos al día, cinco días a la semana.

- **Secreto 41: Sé agradecido.** Compré un diario de gratitud y cada noche antes de dormir escribo las cosas por las que estoy agradecida que hayan sucedido durante el día.

- **Secreto 46: Págate a ti primero.** Vinculé una cuenta de ahorros a mi servicio de nómina para hacer que el 10% vaya automáticamente a esa cuenta.

- **Secreto 47: Planea con antelación tus compras.** He insistido en hacer una lista antes de comprar algo en línea o ir de compras a una tienda y no me he desviado a comprar lo que no está en la lista.

He proyectado una fecha específica para llegar a la meta de millonaria por mis propios esfuerzos: enero 30 de 2020. Eso me da diecinueve meses para hacer que estos secretos sean parte regular de mi vida.

¿Y cómo es en tu caso? Por favor hazme saber los secretos que te faltan dominar junto con el plazo que te has dado para llegar a la meta de millonario por tus méritos.

Ten la libertad de enviarme un correo electrónico durante el proceso. Me alegrará responder cualquier pregunta específica que tengas a medida que avanzas en tu viaje. Con gusto, las enviaré a los millonarios mencionados en este libro que puedan guiarte por el camino.

Recuerda disfrutar del viaje tanto como del destino.

Apéndice

Lista de contribuyentes

Jim Abraham

Este hombre callado que nació en una familia de inmigrantes sirios se convirtió en un magnate de bienes raíces a sus sesentas. Su primer empleo fue barriendo pisos y vendiendo palomitas de maíz dentro de la tienda de dulces y café de Mischka, la cual compró tiempo después.

El mantra "dos centavos, dos centavos, dos centavos" que Jim susurraba cada vez que sumergía tortugas de caramelo en chocolate funcionó. Por más de tres décadas, compró porciones de tierra en Amherst, Ohio y áreas circundantes con el dinero que generaba por la fabricación y venta de dulces. Con el tiempo, las tierras que compró llegaron a ser locaciones privilegiadas para propiedad comercial. La historia de Jim Abraham la relata su hija en el secreto 37 (reinvéntate).

Zachary Berk

El doctor Zachary Berk, osteópata, es el director de felicidad de HappCo, una innovadora empresa de software con base en New York que combina la tecnología, datos y servicios para ayudar a las organizaciones a saber si sus empleados están felices y comprometidos. Zach llegó a ser millonario por sus esfuerzos a la edad de 45. Este emprendedor en serie ha ayudado a iniciar más de veinticinco compañías.

Zachary es citado en el secreto número 2 (define tu propio significado de éxito), en el secreto 30 (sé feliz), en el secreto 49 (comienza una empresa) y en los consejos de primera mano para los lectores que están listos para iniciar su viaje a hacerse millonarios.

Sarian Bouma

Sarian es la autora de *Welfare to Millionaire: Heart of a Winner (De vivir de la beneficencia a millonaria: el corazón de una ganadora)*. Ella se hizo millonaria a mediados de sus treintas. Algo muy bueno para alguien que llegó a los Estados Unidos proveniente de Sierra Leona, África, a la edad de diecinueve años, para encontrarse en un refugio de beneficencia cinco años después. La tenacidad de Sarian le dio las fuerzas para tomar el control de su vida cuando vio que no tenía suficientes bonos de comida para comprar leche para su bebé.

La fuerza interna de Sarian y su fe le ayudaron a levantarse y estudiar para entrar a la fuerza laboral. Después de trabajar como camarera, Sarian recibió entrenamiento para ser cajera de banco y gerente de cooperativa de créditos. En 1987, Sarian fundó Capitol Hill Building Maintenance Inc. con base en Lexington Park, Maryland. Durante un periodo de veinte años, empleó a más de doscientas personas. Además de entrenarlas para sus empleos, ella les enseñó a mantener en alto sus cabezas. La historia de Sarian hace parte del secreto 7 (Toma el control de tu vida). También es mencionada en el secreto 10 (Sé un maestro en el uso del tiempo), el secreto 32 (Desafíate a ti mismo), y en el secreto 49 (Crea una empresa).

Thomas Corley

Tom es contador público y planeador financiero certificado; también tiene una maestría en impuestos. Alcanzó su estatus de millonario a los 34 años. Él atribuye gran parte de su éxito al establecimiento de sueños, creando un plan de su vida futura ideal y luego yendo tras sueños específicos y las metas detrás de esos sueños. Es mencionado en el secreto 2 (Define tu propio significado de éxito) el secreto 5

(Visualiza), el secreto 23 (Sé un aprendiz de por vida) y el secreto 20 (Convierte los fracasos en oportunidades).

Tom ha escrito cuatro libros sobre hábitos de los ricos. Su libro más reciente, *Rich Habits, Poor Habits (Hábitos ricos, hábitos pobres)*, fue publicado en octubre de 2017.

Chuck Ceccarelli

Chuck es el propietario y director de emoción de In the Ditch Towing Products, con base en Mountain Home, Idaho, y Rimco Inc. Este emprendedor también es el inventor del SidePuller™. Su éxito se basa en dos cosas: una fuerte ética de trabajo y ser determinado. Su empresa de $24 millones anuales emplea a ochenta empleados de tiempo completo. Aunque Chuck no tiene educación formal, sigue aprendiendo de los mejores. Se rodea de mentores y pone en práctica el consejo que mejor funcione para él y su organización. Se hizo millonario antes de cumplir cincuenta años y es citado en los consejos de primera mano para los lectores que están listos para iniciar su viaje a hacerse millonarios y en el secreto 28 (Conviértete en un asesor experto y confiable).

Rodger DeRose

Rodger es el presidente y director ejecutivo de Kessler Foundation, una de las obras sociales públicas más grandes de los Estados Unidos que ayudan a personas con discapacidades. Una parte importante de la vida de Rodger es estar en buen estado físico. Es mencionado en el secreto número 2 (Define tu propio significado de éxito), el secreto 25 (Ejercítate por salud), secreto 43 (Retribuye) y en los consejos de primera mano para los lectores que están listos para iniciar su viaje a hacerse millonarios. Rodger se hizo millonario a mediados de sus cuarentas.

Bill Dunn

Con base en Charleston, Carolina del Sur, Bill pasó las últimas tres décadas en PricewaterhouseCoopers. Se hizo millonario a mediados de sus treintas, lo cual le dio la habilidad de hacer cosas que lo hacían feliz sin temor a preocupaciones financieras o de otra índole. Bill le da gran valor a la filantropía. Es mencionado en el secreto 2 (Define tu propio significado de éxito) el secreto 43 (Retribuye) y el secreto 51 (Reconoce que no se trata del dinero).

Laura FitzGerald

Laura se gana la vida haciendo un "trabajo de hombres" como "persona de derechos de tierra y minerales". Laura busca, compra, vende, es agente y alquila tierra para derechos de minerales (petróleo y gas). Desde 2004, Laura ha acumulado más de 40.000 acres de derechos minerales, lo cual le ha generado millones de dólares. A menudo, es citada por su célebre frase: "he hecho millones de dólares para otros. También puedo hacer millones para ti". Laura es presentada en el secreto número 4 (Cree ti mismo).

Andy Hidalgo

Andy es el presidente y director ejecutivo de H/Cell Energy Corporation, cuyas oficinas principales están en Flemington, New Jersey. H/Cell Energy Corporation es una compañía de energía limpia que sirve a sectores comerciales y gubernamentales en todo el mundo. Andy se hizo millonario a la edad de 46 años gracias a un estilo de vida frugal. Es citado en el secreto 1 (Crea una mentalidad de millonario), el secreto 2 (Define tu propio significado de éxito), el secreto 20 (Convierte los fracasos en oportunidades) y el secreto 44 (Vive por debajo de tus posibilidades).

Steve Humble

Steve fundó Creative Home Engineering en 2004. Esta firma de ingeniería, única en su especie, se especializa en el diseño y fabricación de pasajes motorizados y puertas de bóvedas ultrasecretas en casas de élite tanto a nivel local como internacional. Steve llegó a ser millonario por sus esfuerzos a la edad de 38 años. Él afirma que superó los obstáculos durante el crecimiento de su empresa gracias a que mantuvo una actitud positiva. Es citado en el secreto 2 (Define tu propio significado de éxito) el secreto 29 (Mantén una actitud positiva), el secreto 42 (Dale gran valor a tu vida personal), el secreto 44 (Vive por debajo de tus posibilidades) y el secreto 51 (Reconoce que no se trata del dinero).

Shama Hyder

Shama inició y dirigió una compañía de un millón de dólares a la edad de veintisiete años. Nacida en India, llegó a los Estados Unidos a la edad de nueve años. Aprendió que la pura determinación le permitió prosperar en un entorno extranjero.

Shama fundó The Marketing Zen Group, una compañía mundial de mercadeo en línea y relaciones públicas digitales. La revista *Entrepreneur* la apodó la "Maestra Zen del Mercadeo" y FastCompany.com la llamó la "Maestra M compró millennial del universo". También ha sido reconocida entre los mejores cien emprendedores jóvenes en el país y ha recibido reconocimientos en la Casa Blanca, así como en las Naciones Unidas. Sus perlas de sabiduría se presentan en el secreto 36 (El cielo es el límite) y el secreto 52 (No se trata de dinero).

Laura Kozlowski

Gracias al poder que Laura Kozlowski tiene de delegar a sus competentes asistentes, llegó a ser una muy productiva funcionaria de hipotecas para una de las empresas de hipotecas más grandes de la nación. Ganó su primer millón desempeñando esa función estando en sus cuarentas. Laura atribuye su éxito a que usa su tiempo sabiamente concentrando su energía en *desarrollar* el negocio en lugar de *trabajar en* el negocio. Es citada en el secreto 18 (Delega) y en los consejos de primera mano para los lectores que están listos para iniciar su viaje a hacerse millonarios.

Nick Kovacevich

Nick es pionero en el creciente negocio del cannabis legal. En 2010, este emprendedor y su socio iniciaron Kush Bottles, una compañía de empaque y distribución de productos auxiliares. Además de ser un atleta competitivo, Nick también se graduó con los más altos honores de Southwest Baptist University. Siendo director ejecutivo, Nick llevó Kush Bottles al mercado público de valores en el año 2016. Nick se hizo millonario por sus méritos a la edad de veintisiete. Uno de los secretos del éxito de Nick es que siempre se desafía a sí mismo, secreto 32 (Desafíate a ti mismo). Nick es citado en el secreto número 2 (Define tu propio significado de éxito), en el secreto 32 (Desafíate a ti mismo) y en los consejos de primera mano para los lectores que están listos para iniciar su viaje a hacerse millonarios.

Bunny Lightsey

Bunny y su esposo, Rick, son los cofundadores de Florida Trophy Gators, localizada en Okeechobee, Florida. Se hicieron millonarios en sus sesentas como resultado de ser la segunda de tres generaciones de cazadores y procesadores de caimanes. Una empresa poco común, Bunny y Rick compra, procesa y prepara caimanes mediante taxidermia. Ellos le dan gran valor a cuidar de otros que tengan necesidades. Las palabras de sabiduría de Bunny hacen parte del secreto 2 (Define tu propio significado de éxito), el secreto 10 (Sé un maestro en el uso del tiempo), el secreto 41 (Sé agradecido), el secreto 42 (Dale gran valor a tu vida personal) y el secreto 51 (Reconoce que no se trata del dinero).

Connie Lorenz

Connie se graduó de una escuela en la que muchos no tienen las calificaciones correctas: la escuela de la vida. Para ella, el éxito era tener suficiente dinero para pagar las facturas cuando llegaban. Mientras trabajaba como secretaria/contadora para una compañía de asfaltos en Orlando, Florida, no podía entender por qué una empresa rentable no podía pagar sus facturas. Encontró que el presidente estaba malversando el dinero de la compañía. A manera de premio, después de haber ayudado al propietario, quien vivía en otro estado, a devolver la compañía a un saldo en negro, él le dio la compañía. Connie se hizo millonaria a la edad de 43 años, pero ni siquiera lo supo hasta la edad de 48. Su historia hace parte del secreto 9 (Sé una persona de integridad). También es citada en el secreto número 2 (Define tu propio significado de éxito) y en los consejos de primera mano para los lectores que están listos para iniciar su viaje a hacerse millonarios.

Jeb López

Nacido en las Filipinas, el sueño de Jeb era vivir en Estados Unidos. Después de graduarse de la universidad y obtener un empleo en TI en Washington D.C., entendió que el mundo corporativo de los Estados

Unidos no era para él. En el año 2011, Jeb fundó Wheelz Up, una empresa que entrega autopartes y carrocerías a concesionarios y talleres de reparación en el área metropolitana de Washington, D.C. Jeb se hizo millonario a la edad de 43 años. Las palabras de sabiduría de Jeb hacen parte del secreto 19 (Corre riesgos calculados), el secreto 42 (Dale un gran valor a tu vida personal) y en los consejos de primera mano para los lectores que están listos para iniciar su viaje a hacerse millonarios.

Gary M.

Gary fue el tercero de siete hijos nacidos en una familia católica irlandesa. Estudió en la Universidad de Harvard, siendo el primero en su familia que llegó a graduarse de la universidad, y se graduó con honores. Además de ser reconocido como un "súper abogado" por *New Jersey Monthly Magazine* desde 2005, este abogado civil fue certificado por la Suprema Corte de New Jersey en 1993. Uno de los secretos de Gary para crear su propio éxito es crear el hábito de hacer amigos con todo el mundo. Es citado en el secreto 39 (Sé respetuoso) y en el secreto 51 (Reconoce que no se trata del dinero).

Jon M.

Jon fue un exitoso emprendedor adolescente que fundó y dirigió una empresa de tecnología en los años noventa. Alcanzó el estatus de millonario a la edad de diecisiete. Años después, trabajó para dos de los más grandes bancos de inversiones antes de decidir reubicarse en Los Ángeles en busca de una carrera en televisión. Jon es citado en el secreto 2 (Define tu propio significado de éxito), en el secreto 4 (Cree en ti mismo), el secreto 51 (Reconoce que no se trata del dinero) y en los consejos de primera mano para los lectores que están listos para iniciar su viaje a hacerse millonarios.

Joe Palko

En 1994, Joe y su socio, Scott Sanfilippo, fundaron The Ferret Store, una compañía de venta electrónica minorista de suministros para mascotas. En 2006, ellos vendieron The Ferret Store a la compañía Drs. Foster and Smith. Joe se hizo millonario a la edad de veinticinco años y atribuye su éxito a que aprendió a ser flexible en los negocios.

Es citado en el secreto 38 (Acepta el cambio) y el secreto 51 (Reconoce que no se trata del dinero).

Jason Phillips

Jason es el propietario de Phillips Home Improvements, una empresa de pintura y reparaciones de casa con base en Plano, Texas. Este millonario hecho a pulso alcanzó este estatus a sus treinta años y tiene más de 150 empleados. Es muy bueno para alguien que dos décadas atrás solo tenía $2 dólares a su nombre. Jason es citado en el secreto 17 (Crea un equipo), el secreto 24 (Retribuye), el secreto 42 (Dale un gran valor a tu vida personal) y el secreto 49 (Crea una empresa).

John Pierce

John es director de reclutamiento de Stifel, una firma de 125 años que se ocupa en la gestión de riquezas. John se hizo millonario en sus cuarentas. Uno de los secretos para el éxito de John es que programa tiempo para pensar.

Es citado en el secreto número 2 (Define tu propio significado de éxito), el secreto 26 (Toma tiempo para pensar), el secreto 45 (Crea un mapa de ruta financiero), y en los consejos de primera mano para los lectores que están listos para iniciar su viaje a hacerse millonarios.

Mickey Redwine

Este práctico y pintoresco texano fundó Dynamic Cable Holdings, una compañía cuyas tres filiales, que son de su propiedad, tendió miles de millas de cable de fibra óptica por todos los Estados Unidos y México.

Aunque este texano a mucho honor se jubiló en 2002 y había alcanzado su estatus de millonario a comienzos de sus treintas, todavía trabaja como si su cuenta bancaria dependiera de ello: sirviendo como voluntario en posiciones de juntas directivas y ejerciendo otras funciones en múltiples compañías y organizaciones. Algo muy bueno para un chico criado en un entorno de escasos recursos, muchas veces con muy poco o nada para comer. Mickey es citado en el secreto número 2 (Define tu propio significado de éxito), el secreto 8 (Cumple tu palabra), el secreto 34 (Crea tu propia suerte), el secreto 42 (Dale un gran valor a tu vida personal) y en los consejos de primera mano para los lectores que están listos para iniciar su viaje a hacerse millonarios.

Dru Riess

Dru es presidente y director ejecutivo de Popular Ink, una empresa con base en McKinney, Texas, que emplea a más de cincuenta personas en unas instalaciones de 70.000 pies cuadrados y que opera veinticuatro horas al día, siete días a la semana. Dru hizo lo necesario para hacer despegar su compañía y salir de deudas después de hacer llamadas en frío a clientes potenciales durante un viaje en auto de cinco días por todo el país y durmiendo donde trabajaba, sin aislamiento ni aire acondicionado. El esfuerzo valió la pena cuando se hizo millonario antes de cumplir treinta años. Dru sabe lo que se necesita para hacer el trabajo. También es el autor de *Sleight of Hand: An Entrepreneur's Bag of Tricks (Juegos de manos: la bolsa de trucos de un emprendedor)* y es citado en el secreto 10 (Sé un maestro en el uso del tiempo), el secreto 35 (Haz que sea una realidad) y el secreto 45 (Crea un mapa de ruta financiero).

Kristen Souza

Kristen y su esposo, Joe, tienen una misión: esparcir Aloha por medio de la música. Ellos lo hacen creando los más asombrosos ukeleles hawaianos del mundo. Ellos fundaron Kanile`a `Ukulele, con base en Kane`ohe, Hawái. Kristen se hizo millonaria en 2007. Juntos son líderes en la industria de ukeleles con un patrimonio neto de $7 millones de dólares. Uno de los secretos para el éxito de Kristen es mantener la concentración. Ella comparte la importancia de este rasgo en el secreto 12 (Mantén la concentración).

Allan S.

Allan pasó 35 años con la Filarmónica de New York. Encontró su primer amor, tocar el violín, a los nueve años. Allan se hizo millonario en sus sesentas. Es parte del secreto 2 (Define tu propio significado de éxito), el secreto 3 (Encuentra tu pasión), el secreto 5 (Visualiza), el secreto 28 (Encuentra a un asesor experto y confiable) y el secreto 32 (Desafíate a ti mismo).

Steve S.

Steve dedicó su carrera a ser un exitoso abogado con base en New York. Trabajó duro para alcanzar lo que consideraba importante. Steve fue dedicado a su profesión y proveyó para su familia sin comprometer sus principios personales. Sus perlas de sabiduría se comparten en el secreto 42 (Dale un gran valor a tu vida personal).

Bruce Schindler

Bruce ganó su primer millón cazando mamuts. Encontró su gran pasión después de graduarse de la universidad y mudarse a Skagway, Alaska.

Bruce talla y restaura colmillos de marfil fosilizados de 35.000 años, los cuales son vendidos en galerías de arte y museos. Aunque fue criado en un entorno de pocos recursos, el secreto del éxito de Bruce fue pasar tiempo con personas que veía como modelos a seguir. Bruce es citado en el Secreto 27 (Rodéate de personas a las que quieras imitar), el secreto 28 (Encuentra a un asesor experto y confiable), el secreto 42 (Dale un gran valor a tu vida personal), el secreto 49 (Inicia una empresa), el secreto 51 (Reconoce que no se trata del dinero) y en los consejos de primera mano para los lectores que están listos para iniciar su viaje a hacerse millonarios.

Mike Vetter

Mike es el propietario de The Car Factory, con base en Daytona Beach, Florida. Su fascinación por los autos exóticos comenzó muy lejos mientras crecía en Alemania, Italia, Turquía y Francia. Tuvo su primer Lamborghini estando todavía en la universidad, y ha sido propietario y modificado casi cualquier carro que se pueda imaginar. Mike se hizo millonario a los cuarenta. Su fortaleza está en hacer lo necesario para finalizar el trabajo. Es citado en el secreto número 2 (Define tu propio significado de éxito), el secreto 10 (Sé un maestro en el uso del tiempo), el secreto 21 (Persevera) y en los consejos de primera mano para los lectores que están listos para iniciar su viaje a hacerse millonarios.

James Timothy White

James se hizo millonario a los dieciséis años. A la edad de doce años, fundó su primera compañía en Canadá, la cual desarrolló hasta convertirla en una estructura corporativa de múltiples millones de dólares. Como muchos emprendedores de éxito, James enfrentó la bancarrota. Él convenció a su familia para que invirtieran en su próxima empresa, con la cual llegó a convertirse en el director ejecutivo más joven del mundo de una compañía de acciones públicas en el mercado de acciones de Frankfurt. Su estrategia para lograr que los demás digan sí a sus propuestas está en el secreto 32 (Pregunta hasta que obtengas un sí por respuesta). También es mencionado en el secreto número 2 (Define tu propio significado de éxito) y en los consejos de primera mano para los lectores que están listos para iniciar su viaje a hacerse millonarios.

Brian Wong

Brian es un emprendedor de internet nacido en Canadá. Criado en Vancouver por padres de ascendencia China/Hong Kong, se graduó de la escuela a los catorce años y de la universidad a los dieciocho. A los diecinueve años, Brian lanzó Kiip, su propia empresa de publicidad móvil. Se hizo millonario a los veintiún años y su empresa llegó a generar $20 millones en 2017. Una de las estrategias del éxito de Brian es rodearse de personas competentes para su equipo. Es citado en el secreto 17 (Crea un equipo) y el secreto 51 (Reconoce que no se trata del dinero).

Consejos de primera mano para los lectores que están listos para iniciar su viaje a hacerse millonarios

"Primero invierte en ti mismo para ser muy bueno en algo. Segundo, encuentra un trabajo que te apasione. Tercero, sé el mejor en lo que haces. Cuarto, alcanza una meta salarial e invierte el resto. Y, por último, nunca olvides 'retribuir'. Verás que volverá a ti de maneras que no puedes medir hoy", Rodger D.

"Cree en ti mismo y no dejes que nadie te diga que no puedes hacer algo, porque sí puedes, ¡si de verdad deseas hacerlo!", Connie L.

"El éxito viene de muchas maneras, no le des demasiada importancia a tu éxito financiero. No vale la pena sacrificar la salud y la felicidad de tu familia, amigos y también de ti mismo a cambio de cualquier cantidad de dinero. Habiendo dicho eso, ¡esfuérzate! Mantente firme en tu búsqueda del éxito. Responsabilízate de tus deficiencias y tus fracasos, en especial los defectos en tu carácter. Nadie es perfecto y, si no culpas a otros por tus propios problemas, sino que asumes la responsabilidad, esto te llevará a una vida auténtica. Tu integridad es tu mejor activo. Empodera a quienes te rodean. Entre mis constantes desafíos está el no tener miedo del éxito, no avergonzarme de, ni limitar, mis propios dones. Cuando te limitas, estás limitando lo que tienes para dar", Bruce S.

"Nunca te rindas, aprende a escuchar con más eficacia, aprende de las derrotas, no tengas aversión al riesgo y ¡asegúrate de divertirte en el proceso!", John P.

"En todas las cosas, trata siempre de ser proactivo, no reactivo. ¡Piensa todo con anticipación! En la vida y los negocios no obtienes lo que mereces, ¡obtienes lo que negocias! A veces perder significa ganar, por ejemplo, ¡dejar que tu esposa gane la discusión! Está perfectamente bien aspirar a alcanzar riquezas, pero si también quieres alcanzar la felicidad, encuentra tu propio equilibrio entre las dos", Mickey R.

"Aprende a sacrificar, no vayas a bodas, no tomes vacaciones, no salgas con amigos, vuélvete ermitaño y concéntrate en tu negocio y las ventas, los negocios siempre deben ir primero. Firma siempre los cheques, sin importar la cifra, y mantén un buen abogado que tenga experiencia en tu industria", James T.W.

"Mi consejo para todo el que esté iniciando su viaje hacia la libertad financiera es que puedes hacer todo lo que otra persona pueda hacer. Tienes las mismas herramientas que otros millonarios, así que no hay razón para no poder lograr lo mismo que ellos han alcanzado. Rodéate de personas que quieras imitar. En mi experiencia, aprenderás tanto de los más cercanos a ti, y esto funciona en ambos sentidos, así que trato de evitar el negativismo, procuro evitar a los perezosos y siempre considero la fuente de los consejos que recibo. Alguien que no le esté yendo tan bien como a ti no es alguien que pueda darte un consejo útil", Mike. V.

"Creo que si esa es tu meta, deberías reconsiderar tus valores. Deberías encontrar lo que te inspira e ir tras ello. No hay manera de mantener un compromiso haciendo algo que no disfrutas, así haya dinero de por medio", Chuck C.

"No importa lo que venga, ¡sigue a la carga como un rinoceronte!", Jeb L.

"Estarás en una montaña rusa de altibajos, no te dejes llevar muy alto o muy bajo y asegúrate de apreciar cada día que puedas aprender, crecer y construir", Nick K.

"Sigue un sueño, algo que te emocione y que te permita explotar tus talentos innatos. Luego pasa el resto de tu vida persiguiendo ese sueño", Thomas C.

"Mantén tu actitud de gratitud. Si luchas con esto, envíate mensajes de texto simples que definan las cosas positivas que suceden cada día. El brillo del sol hoy es un gran recordatorio para sonreír y estar agradecido", Laura K.

"Entiende que hacerte millonario no te dará la felicidad. Asegúrate de pasar una gran cantidad de tiempo en tu desarrollo personal", Zach B.

"Debes creer en ti mismo más que cualquier otra persona. No importa la edad que tengas ni de qué trasfondo vengas, nadie luchará por tus objetivos más que tú. Debes estar dispuesto a fracasar una y otra vez para poder encontrar el camino que conduce a un resultado positivo. Aprende lo que más puedas de la industria en la que estás tratando de hacer un impacto y nunca hagas que el dinero sea la única fuente de motivación. El éxito se puede sentir y reconocer en muchos niveles", John M.

Notas

Introducción

1. Elena Holodny, "Los Estados Unidos están creando millonarios más rápido que cualquier otra parte del mundo, pero no es tan impresionante como parece", *Business Insider*, noviembre 16, 2017.

2. "Estudio afirma que la mayoría de los millonarios lo han hecho por sus propios esfuerzos", *Financial Advisor*, junio 13, 2013, fa-mag.com.

3. Thomas Stanley, *The Millionaire Next Door (El vecino millonario)* (Taylor Trade Publishing, 1996).

Hábito 3

1. Alyssa Pry, "Cómo alcanzar tus metas de dinero para el final del año" Yahoo Finance, octubre 13, 2017, https://finance.yahoo.com/news/meet-money-goals-endyear-150953867.html.

2. Mark McCormack, Lo que no enseñan en la Escuela de Negocios de Harvard (Bantam, 1986).

Hábito 6

1. Thomas C. Corley, *Change Your Habits, Change Your Life (Cambie sus hábitos, cambie su vida)* (North Loop Books, 2016).

2. Andrew Perrin, "Lectura de libros 2016", sitio de internet del Pew Research Center, septiembre 1, 2016, www.pewinternet. org/2016/09/01/ book-reading- 2016pi_2016-09- 01_ book-reading_a- 01/.

Hábito 7

1. Teresa Bullock Cohen, entrevista con el autor.

Hábito 8

1. Billy Epperhart, "cómo y por qué los buenos líderes delegan", billyeppert.com blog, julio 17, 2017.

Hábito 9

1. Ryan Jorden, "¿cuáles son las verdaderas tasas de supervivencia de las empresas pequeñas?", www.linkedin. com, septiembre 15, 2014.

2. Thomas C. Corley, "¿Cuánto tiempo toma hacerse rico?", RichHabits.net, febrero 17, 2015.

3. Karin Lenhardt, "29 datos valiosos acerca de los millonarios", sitio de internet de Fact Retriever, diciembre 27, 2016, www. factretriever.com/millionaire-facts.

4. Eden Ryl, "empaca tu propio paracaídas", DVD (Ramic Productions, 1974).

Hábito 10

1. Ralph G. Nichols y Leonard A. Stevens, "escuchando a otros", *Harvard Business Review*, septiembre 1957.

Hábito 11

1. Ryan Jaslow, "80% de los adultos estadounidenses no hacen el ejercicio recomendado", CBS News, mayo 3, 2013.

2. Deborah Kotz y Angela Haupt, "7 beneficios asombrosos del ejercicio", U.S. News y sitio de internet del Reporte Mundial, marzo 7, 2012, https://health.usnews.com/health-news/diet-fitness/slideshows/7-mind-blowing-bene-fits-of-exercise.

3. Jack Bosch, "¿Programas tiempo para pensar?", abril 24, 2014.

Hábito 12

1. Robert T. Kiyosaki y Sharon Lechter, *Rich Dad's Cashflow Quadrant: Rich Dad's Guide (Cuadrante de flujo de caja del padre rico: la guía del padre rico)* (Warner Books Edition, 1998).

2. William E. Leuchtenburg, Franklin D. Roosevelt and the New Deal, 1932–1940 *(Franklin D. Roosevelt y el nuevo acuerdo 1932.194)* (New York: Harper Colophon Books, 1963), p. 32.

Hábito 13

1. Geoffrey James, "Cómo una actitud animada simplifica el éxito", Inc.com, agosto 29, 2014, Benjamin Hardy, "El secreto a la felicidad son 10 comportamientos específicos", julio 6, 2015.

2. Yale Middleton, "61 citas dominantes de Serena Williams", sitio de internet de Addicted2Success, febrero 10, 2016.

Hábito 14

1. Sandra Grauschopf, "¿quieres tener suerte? Usa estos 8 métodos comprobados para mejorar tu suerte, " sitio de internet de The Balance, agosto 6, 2017,

Hábito 15

1. Christian Trampedach, en respuesta a "¿cuál es el porcentaje de inmigrantes en los Estados Unidos que llegan al estatus de millonarios?", sitio de internet de Quora, febrero 8, 2017, www.quora.com/What-is-the-percentage-of-immigrantsto-the-United-States-that-make-it-to-millionaire-status.

Hábito 18

1. Scott Wilhite, *The 7 Core Skills of Everyday Happiness (Las 7 habilidades básicas de la felicidad cotidiana)* (Whispering Voice Books, 2016).

Hábito 20

1. Charles Hamowy, *Financially SECURE Forever (SEGURIDAD financiera para siempre)* (HCA Consulting, Inc., 2013).

Hábito 21

1. "¿Cómo es tu fondo de emergencia? Nuevas estadísticas revelan los hábitos de ahorro para tiempos difíciles que tienen los estadounidenses", topinvestor.com, diciembre 29, 2017, http://topmoneyinvestor.com/how-does-your-emer-gency-fund-comparenew-stats-reveal-americans-rainy-day-savings-habits/.

Hábito 22

1. Stan Cho, "más estadounidenses son propietarios de acciones, para bien o para mal", Nation-Now, febrero 7, 2018.

2. Barbara Diggs, "5 maneras de crear ingresos pasivos", bankrate.com, julio 14, 2017.

3. Sam Walton, *Made in America: My Story (Hecho en América: mi historia)* (New York: Doubleday, 1992).

Hábito 23

1. Mark Ferguson, "¿cómo la mayoría de los millonarios ganan su dinero?" investfourmore.com, septiembre 14, 2015, https://investfourmore.com/2015/09/14/how-do-most-millionaires-make-their-money/.

Los secretos que he logrado para crear mi propio éxito

En las siguientes líneas, escribe los secretos que has logrado para crear tu propio éxito:

_____

_____

_____

_____

_____

_____

_____

_____

_____

_____

_____

_____

_____

_____

_____

_____

_____

_____

_____

_____

_____

_____

Los secretos que me esforzaré por dominar para alcanzar mi estatus de millonario

En las siguientes líneas, escribe los secretos en los que vas a trabajar para para alcanzar tu estatus de millonario:

_____

_____

_____

_____

_____

_____

_____

_____

_____

_____

_____

_____

_____

_____

_____

_____

_____

_____

_____

_____

_____

_____

_____

_____

_____

www.ingramcontent.com/pod-product-compliance
Lightning Source LLC
Chambersburg PA
CBHW031843200326
41597CB00012B/253